长江文明之旅

民俗风情篇

/科技部推荐优秀科普图书/

岁时节庆

总顾问 冯天瑜 钮新强
总主编 刘玉堂 王玉德

黄雷 雷学华 著

上海科学技术文献出版社
Shanghai Scientific and Technological Literature Press

长江出版社
CHANGJIANG PRESS

长江文明馆献辞

（代序一）

冯天瑜

无边落木萧萧下，
不尽长江滚滚来。
——杜甫《登高》

江河提供人类生活及生产不可或缺的淡水，并造就深入陆地的水路交通线，江河流域得以成为人类文明的发祥地、现代文明繁衍畅达的处所。因此，兼收自然地理、经济地理、人文地理旨趣的流域文明研究经久不衰。尼罗河、幼发拉底—底格里斯河、印度河、恒河、莱茵河、多瑙河、伏尔加河、亚马孙河、密西西比河、黄河、珠江等河流文明，竞相引起世人关注，而作为中国“母亲河”之一的长江，更以丰饶的自然秉赋、悠远深邃的文化积淀、广阔无垠的发展前景，理所当然成为江河文明研究的翘楚。历史呼唤、现实诉求，长江文明馆应运而生。她以“长江之歌 文明之旅”为主题，以水孕育人类、人类创造文明、文明融于生态为主线，紧紧围绕“走进长江”、“感知文明”和“最长江”三大核心板块，利用现代多媒体等手段，全方位展现长江流域的旖旎风光、悠久历史和璀璨文明。

干流长度居亚洲第一、世界第三的长江，地处亚热带北沿，人类文明发生线——北纬30° 线横贯流域。而此纬线通过的几大人类古文明区（印度河流域、两河流域、尼罗河流域等）因副热带高压控制，多是气候干热的沙漠地带，作为文明发展基石的农业仰赖江河灌溉，故有“埃及是尼罗河赠礼”之说。然而，长江得大自然眷顾，亚洲大陆中部崛起的青藏高原和横断山脉阻挡来自太平洋季风的水汽，凝集为巫山云雨，致使这里水热资源丰富，最适宜人类生存发展，是中国乃至世界自然禀赋优越、经济文化潜能巨大的地域。

长江流域的优胜处可归结为“水”—“通”—“中”三字。

一、淡水富集

长江干流、支流纵横，水量充沛，湖泊星罗棋布，湿地广大，是地球上少有的亚热带淡水富集区，其流域蕴蓄着中国35%的淡水资源、48%的可开发水电资源。如果说石油是20世纪列国依靠的战略物资，那么，21世纪随着核能及非矿物能源（水能、风能、太阳能等）的广为开发，石油的重要性呈缓降之势，而淡水作为关乎生命存亡而又不可替代的资源，其地位进一步提升。当下的共识是：水与空气并列，是人类须臾不可缺的“第一资源”。长江的淡水优势，自古已然，于今为烈，仅以南水北调工程为例，即可见长江之水的战略意义。保护水生态、利用水资源、做好水文章，乃长江文明的一个绝大题目。

二、水运通衢

在水陆空三种运输系统中，水运成本最为低廉且载量巨大。而长江的水运交通发达，其干支流通航里程达6.5万千米，占全国内河通航里程的52.5%，是连接中国东中西部的“黄金水道”，其干线航道年货运量已逾十亿吨，超过以水运发达著称的莱茵河和密西西比河，稳居世界第一位。长江中游的武汉古称“九省通衢”，即是依凭横贯东西的长江干流和南来之湖湘、北来之汉水、东来之鄱赣造就的航运网，成为川、黔、陕、豫、鄂、湘、赣、皖、苏等省份的物流中心，当代更雄风振起，营造水陆空几纵几横交通枢纽和现代信息汇集区。

三、文明中心

如果说中国的自然地理中心在黄河上中游，那么经济地理、人口地理中心则在长江流域。以武汉为圆心、1000千米为半径画一圆圈，中国主要大都会及经济文化繁荣区皆在圆周近侧。居中可南北呼应、东西贯通、引领全局，近年遂有“长江经济带”发展战略的应运而兴。长江经济带覆盖中国11个省（市），包括长三角的江浙沪3省（市）、中部4省和西南4省（市）。11省（市）GDP总量超过全国的4成，且发展后劲不

可限量。

回望古史，黄河流域对中华文明的早期发育居功至伟，而长江流域依凭巨大潜力，自晚周疾起直追，巴蜀文化、荆楚文化、吴越文化与北方之齐鲁文化、三晋文化、秦羌文化并耀千秋。龙凤齐舞、国风—离骚对称、孔孟—老庄竞存，共同构建二元耦合的中华文化。中唐以降，经济文化重心南移，长江迎来领跑千年的辉煌。近代以来，面对“数千年未有之大变局”，长江担当起中国工业文明的先导、改革开放的先锋。未来学家列举“21世纪全球十大超级城市”，依次为：印度班加罗尔、中国武汉、土耳其伊斯坦布尔、中国上海、泰国曼谷、美国丹佛、美国亚特兰大、墨西哥昆坎—图卢姆、西班牙马德里、加拿大温哥华。在可预期的全球十大超级城市中，竟有两个（武汉与上海）位于长江流域，足见长江文明世界地位之崇高、发展前景之远大。

为着了解这一切，我们步入长江文明馆，这里昭示——

一道天造地设的巨流，怎样在东亚大陆绘制兼具壮美柔美的自然风貌；

一群勤勉聪慧的先民，怎样筚路蓝缕，以启山林，开创丰厚优雅的人文历史。

（作者系长江文明馆名誉馆长、武汉大学人文社科资深教授）

一馆览长江 水利写文明
（代序二）

钮新强

“你从雪山走来，春潮是你的风采；你向东海奔去，惊涛是你的气概……”一首《长江之歌》响彻华夏，唱出中华儿女赞美长江、依恋长江的深厚情感。

深厚的情感根植于对长江的热爱。翻阅长江，她横贯神州6300千米，蕴藏了全国1/3的水资源、3/5的水能资源，流域人口和生产总值均超过全国的40%；她冬寒夏热，四季分明，沿神奇的北纬30°延伸，形成了巨大的动植物基因库，蕴育了发达的农业，鱼儿欢腾粮满仓的盛景处处可现；她有上海、武汉、重庆、成都等国之重镇，现代人类文明聚集地如颗颗明珠撒于长江之滨；她有神奇九寨、长江三峡、神农架等旅游胜地，多少享誉世界的瑰丽美景纳入其中；她令李白、范仲淹、苏轼等无数文人墨客浮想联翩，写下无数赞美的词赋，留下千古诗情。

长江两岸中华儿女繁衍生息几千年，勤劳、勇敢、智慧，用双手创造了令世人瞩目的巴蜀文明、楚文明及吴越文明。这些文明如浩浩荡荡的长江之水，生生不息，成为中华文明重要组成部分。

人类认识和开发利用长江的历史，就是一部兴利除弊的发展史，也是长江文明得以丰富与传承的重要基石。据史料记载，自汉代到清代的2100年间，长江平均不到十年就有一次洪水大泛滥，历代的兴衰同水的涨落息息相关。治国先必治水，成为先祖留给我们的古训。

为抵御岷江洪患，李冰父子筑都江堰，工程与自然的和谐统一，成就了千年不朽，成都平原从此“水旱从人、不知饥馑”,天府之国人人神往。

一条京杭大运河，让两岸世世代代的子孙受惠千年。今天，部分河段化身为南水北调东线调水的主要通道，再添新活力，大运河成为连接古今的南北大命脉。

新中国成立以后，百废待兴，党和政府把治水作为治国之大计，长江的治理开发迎来崭新的时代。万里长江，险在荆

江。1953年完建的荆江分洪工程三次开闸分洪，抗击1954年大洪水，确保了荆江大堤及两岸人民安全。面对’54洪魔带来的巨大创伤，长江水利人开启长江流域综合规划，与时俱进，历经3轮大编绘，使之成为指导长江治理开发的纲领性文件。

“南方水多，北方水少，能不能从南方借点水给北方？”毛泽东半个多世纪前的伟大构想，是一个多么漫长的期盼与等待呀。南水北调的蓝图，在几代长江水利人无悔选择、默默坚守、创新创造中终于梦想成真，清澈甘甜的长江水在“人造天河”里欢悦北去，源源不断地流向广袤、干渴的华北平原，流向首都北京，流向无数北方人的灵魂里。

新中国成立以来，从长江水利人手中，长江流域诞生了新中国第一座大型水利工程——丹江口水利枢纽工程、万里长江第一坝——葛洲坝工程、世界最大的水利枢纽——三峡工程。与此同时，沉睡万年的大小江河也被一条条唤醒，以清江水布垭、隔河岩等为代表的水利工程星罗棋布，嵌珠镶玉。这是多么艰巨而充满挑战、闪烁智慧的治水历程!也只有在这条巨川之上，才能演绎出如此壮阔的治水奇观，孕育出如此辉煌的水利文明，为古老的长江文明注入新的动力!

当前，长江经济带战略、京津冀协同发展战略及一带一路建设正加推提速，长江因其特殊的地理位置与优质的资源禀赋与三大战略（建设）息息相关，长江流域能否健康发展关系着三大战略（建设）的成败。因此，长江承载的不仅是流域内的百姓富强梦，更是中华民族的伟大复兴梦。长江无愧于中华民族母亲河的称号，她的未来价值无限，魅力永恒。

武汉把长江文明馆落户于第十届园博会园区的核心区，塑造成为园博会的文化制高点和园博园的精神内核，这寄托着武汉对长江的无比敬重与无限珍爱。可以想象，长江文明馆开放之时，来自五湖四海的人们定将发出无比的惊叹：一座长江文明馆，半部中国文明史。

（作者系长江文明馆名誉馆长，中国工程院院士、长江勘测规划设计研究院院长）

前　言

我国的节庆文化源远流长，具有强大的生命力。节庆文化在其自身的演变过程中，可以说已是集雅、俗、科学、迷信于一身。论其雅，节庆时载歌载舞、吟诗赋词，讲究尊老爱幼，讴歌民富国强；论其俗，节庆时狂吃滥喝而致生病者有之，抹牌赌博而致倾家者有之；论其科学，节气的安排本身就体现了科学性，节庆的内容如清明踏青、端午赛龙舟、重阳登山、冬至扫除尘埃等均含有科学的道理；论其迷信，节庆时信神忌鬼，占卜法事，求祖先神灵保佑等不一而足。不过，正是由于节庆文化包含有如此众多的内容和各种复杂的因素，才使得其具有无穷的魅力，令人回味和祈盼，若节庆文化只是一碗清澈见底的纯净水，恐怕就不会给我们带来多少欢乐了。

一定时期的节庆文化也是一定时期人们的思想文化的反映。人们的喜怒哀乐之情，在节庆时得到最充分的表现。研究一定时期的节庆文化，对于了解一定时期的历史全貌具有重要的意义。了解和研究我国的节庆文化，也是了解和研究中华民族的传统文化和民族精神的途径之一。在努力创造物质文明和精神文明的今天，我们更有深入了解节庆文化的必要。限于体例，本书仅就长江流域的节庆文化而言，未能全面地展开论述我国的节庆情况，但一管之见在一定程度上也足以说明我国的年节情况。

我们讲述节庆文化，并不仅仅是为了发思古之幽情，更重要的是通过节庆文化来认识中华民族的优秀传统文化和民族精神，激励人们总结过去，面对现实，勇于接受时代的挑战，满怀信心地迎接未来的美好生活。

从古至今的统治者对节庆文化都非常重视。历代帝王以天之骄子自居，年节时祭拜天、地、祖庙，代天立言，以体现名正言顺，更有效地行使统治权。由国而家，族长、家长也利用年节的时机行使宗族权，充分体现一家之长的权威。甚至普通百姓，若能安居乐业地享受几次“天下大酺”则幸甚。节庆文化与节日文化是密不可分的，不同地区、不同民族，根据不同节庆产生了各具特色的节日文化。在现今，有识之士充分利用节日大做文章，所谓“节日搭台，经贸唱戏”便十分典型地突出了当今节日文化的特色。

节庆文化的内容固然很多，但究其根本，还在于更好地安排生活，这次过“节”，是为了下次更好地过“节”。这恐怕才是中国节庆文化的真谛。

目　录

前　言 / 1

历法与节俗 / 1

历法的形成 / 2
二十四节气 / 8

丰富多彩的传统节庆 / 25

春节 / 26
元宵节 / 38
二月二 / 44
花朝 / 47
三月三 / 49
端午节 / 51
六月六 / 56
七夕 / 59
中元节 / 64
中秋 / 69
重阳节 / 76
除夕 / 81

岁时节庆的变化内涵 / 87

慎终追远 / 88
万物有灵 / 96
趋吉避凶 / 103
伦理亲情 / 111
祈盼丰收 / 118

传闻和余论 / 125

神话传说与岁时节庆 / 126
节庆禁忌与移风易俗 / 133

主要参考文献 / 140

后记 / 141

历法与节俗

人有年龄天有历，轮回一次是一年。不论是物候历，还是阴历、阳历，都是先人对天文学的理解和创造，都是先人对后人的贡献。物候历是观察物候变化以观时，阴历是观察月亮盈亏而定时，阳历是观察太阳运行而定时，二十四节气是观察物候而定节令，都是指导社会生产、生活的规律。

历法的形成

(一)物候历

月亮围着地球转，转一圈是一月；地球围着太阳转，转一圈是一年。这种粗浅的天文常识，对我们的老祖宗们来说，却是经历了数以百万计的岁月才得以认识。从人类进化史来看，随着人类对外部世界的认识不断加深，人类的求生本领也不断升级，逐步上升至“理性世界”，慢慢具有了时间的概念，总结出了时间与人事相组合的历法。

所谓历法，即推算年、月、日的一种方法。推算的方法不同，历法的名称亦不同，如物候历、阴历、阳历、阴阳历等。

阴历是以月亮绕地球一周的时间（29.53059 天）为一月，大月 30 日，小月 29 日，12 个月为一年，伊斯兰教历是阴历的一种；阳历是以地球绕太阳一周的时间（365.2421 天）为一年，一年分 12 个月。人类最初的历法为物候历，物候历粗疏简略，但却具有现代历法的基本特征。何谓物候历？即主要指动植物的生长、发育、活动规律与非生物的变化对节候的反应。如动物的蛰眠、复苏、始鸣、交配、繁育、换毛、迁徙等与节候有密切的关系，如植物的冬芽萌动、抽叶、开花、结实、落叶等无不与节候相关，又如非生物现象的始霜、始雪、结冻、解冻等也属物候现象。

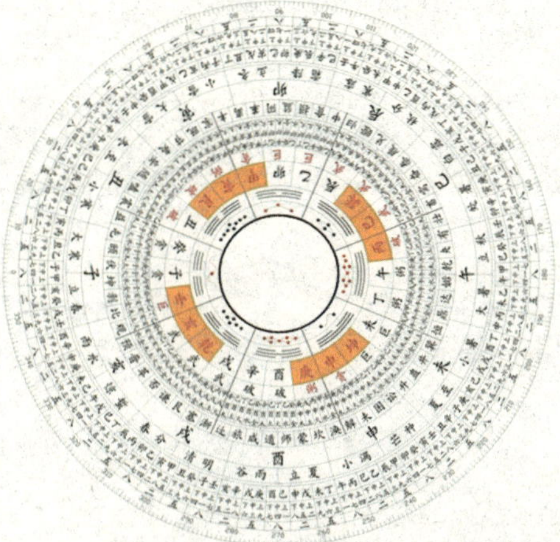
「历法」

物候历的产生与人类的原始生产有直接的关系。古人与今人一样，受着天象变化的直接影响，如由于地球自转而形成的昼夜交替，由于地球公转而引起的寒来暑往。古人日出而作，日入而息，趋暖避寒，在极其恶劣的环境中求生存。经过无数的寒暑变化，古人逐渐认识到一些天象变化的基本规律，如昼夜变换的时间大致相等，月圆月缺的周期大体相同，一寒一暑的出现基本固定。这样，古人便逐渐产生了日、月、年的模糊概念。同时，在原始的采集活动、狩猎活动与捕捞活动中，古人也逐渐认识到大自然的变化对某些动植物生息荣枯的影响，如动物的昼伏夜出、春鸣冬眠，植物的春华秋实、夏荣冬枯等。随着原始农牧业的出现，气象季节的变换对人类生产、生活的影响更加明显，因而人们也更加注意天象物候的变化，逐步总结和积累经验，试图掌握自然界变化的规律，以便为生产和生活服务。如以某种植物的花开、某种鸟的鸣叫来定季节，这就出现了最初的物候历。以后又不断认识世界，不断总结物候，于是便出现了划分季节月份，指导生产生活的物候历。

不可否认，物候历的产生与原始宗教有着不可分割的关系。古人限于生产力的低下和对大自然认识的不足，最初都信仰万物有灵，即万事万物皆有神灵主宰。为了趋吉避凶，人们有必要去观察万事万物的变化，以便试图理解神灵，遵照神灵的意图去行事，这在客观上也促成了物候历的产生。

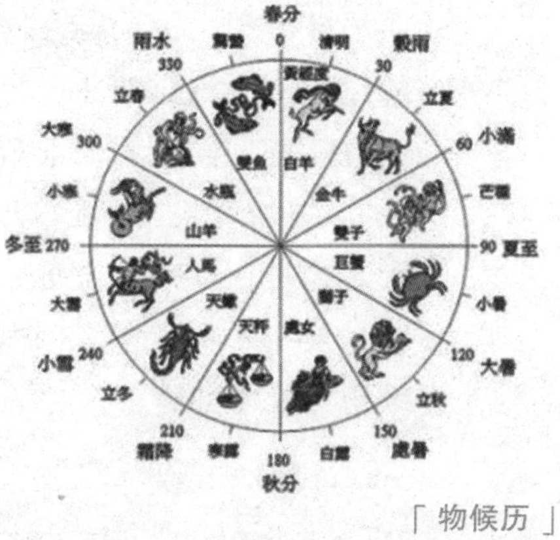

「物候历」

物候历这种历法虽粗略，但它却是人们在社会实践中的直接所得，是大量直观经验的总结，因而具有一定的科学性。而且各民族、各居住地人们的物候历均不相同，每个物候历都更能反映当地的实际情况，因而更具有指导性，对人们的生产、生活影响甚大。但是，物候历也具有它的通病和缺陷，即准确度不高，具体的时间难以准确预知。从空间上讲，山川地貌的地理环境对气候、物种的影响很大，山南山北、河东河西的自然环境不一样，其物候自然也有所不同，因而物候历的适用范围较小。

(二)农历

我国汉族先民发明的历法，时间甚早，一直可追溯到上古传说时代。据史书记载，黄帝在位时派羲和占日，常仪占月，臾区占星气，伶伦造律吕，大桡作甲子，隶首作算数，容成综合六术的成果而著《调历》，是为成文历的开始。由于黄帝等人本身就是传说中的人物，在中国历史上是否确有其人不得而知，因而容成是否写出了成文的《调历》更是无法考究，何况黄帝时有成熟而系统的文字供著书立说之用也令人怀疑，故而《调历》之说不足为信。至于传说中的比《调历》更早的历法，则更是传说而已。

「轩辕黄帝雕像」

但在黄帝时代，原始的农业、畜牧业早已出现，因而与生产生活密切相关的原始历法当已产生。不过，这时的历法可能是物候历，而非成文的《调历》。越数千年，从秦朝所著《吕氏春秋》中可看出，物候历仍发挥着重要的作用。如《吕氏春秋·孟春纪》载：孟春之月，“东风解冻，蛰虫始振，鱼上冰，獭祭鱼，候雁北”，“是月也，天气下降，地气上腾，天地和同，草木繁动”。是故黄帝时的历法为物候历当较为可信。

黄帝(公元前 2717—公元前 2599 年)，古华夏部落联盟首领，五帝之首，黄帝以统一华夏部落与征服东夷、九黎族而统一中华的伟绩载入史册。黄帝在位期间，播百谷草木，大力发展生产，始制衣冠、建舟车、制音律、创医学等，被尊为中华“人文初祖”。

物候历通俗易懂，简便易行，但不准确。为总结出更为准确的历法，先民们将观测时日的眼光从物候移向天空，通过观测日、月、星辰的运行规律来确定时日、季节的准确时间，进入到“观象授时”的研究阶段。在对日、月、星辰的运行规律有了深入了解的基础上，古代天文学逐渐诞生。有了天文学，制定较精确的历法也就不在话下了。

据《尚书·尧典》载：“历象日月星辰，敬授人时。”说明尧时观测天象的主要目的，在于通过观测去发现天象的运行规律，从而决定一年四季的划分，编成历法，告之于人民，使大家能按时从事耕耘，不误农活。当时制定的历法恐怕并不太精确，只是安排个大概月日。至于其后的夏历、殷历、周历、鲁历，虽有其名，也有金文、典册为佐证，但原本散失，故难确定。

春秋战国时代，历法已经确立。当时采用“四分历”，即一年分为三百六十五又四分之一日，19年共235个月，19年间置7个闰月。这种历法的突出特点是“月令”的出现，即测知了一年中的二十四节气，并知道根据节气的变化来安排农业生产。不过，这一时期的周历、鲁历及其他各诸侯国的历法均未能全本流传下来。后代学者只能考据其大概而已，这不知与“焚书坑儒”是否有关联。

西汉初，沿用秦历，以十月为岁首。汉武帝时，司马迁等人奉命修订历法，作《太初历》，以正月为岁首，采用了有利于安排和指导农时的二十四节气。在无中气的月份中则插入闰月，以调整太阳周天与阴历纪月不相符的矛盾，基本上确立了中国历法——农历的历史地位。

「祖冲之」

东晋时，虞喜发现了“岁差”，即太阳从今年的冬至点出发，运行一周天（一年）到明年的冬至时，它并没有回到原来的冬至点上，而是每隔50年（现代测定为71年8个月）向西移动一度。南朝刘宋时，大发明家祖冲之应用岁差法，创制了一部《大明历》，这部新历比以前的历法完善得多，将一年的日数定为 365.24281481 日，与现代测定的日数只相差约 50 秒。南梁时，《大明历》正式颁行，至隋灭南陈时才废止。

唐朝时万象更新，在历法上亦破除“一朝一历”的观念，赞同历法的改进，因而唐代造历 15 种，其中以僧一行修制的新历《大衍历》最为先进。《大衍历》对前历有若干革新之处，注意到了日行盈缩的规律，即夏至附近日行速度最慢，故二气间的时间最长，冬至附近日行速度最快，故二气间的时间最短。而从冬至点到夏至点，从夏至点到冬至点二者之间的日行速度是相等的。由于《大衍历》计算周密，结构合理，以致后来的历法家都按照它的结构来编制新历。

《梦溪笔谈》，北宋科学家、政治家沈括（公元 1031—1095 年）撰，是一部涉及古代中国自然科学、工艺技术及社会历史现象的综合性笔记体著作。共分 30 卷，其中《笔谈》26 卷，《补笔谈》3 卷，《续笔谈》1 卷，英国科学史家李约瑟评价其为中国科学史上的里程碑。

宋代伟大的科学家沈括在其不朽著作《梦溪笔谈》中提出了一个具有革命性的历日制度，“直以立春之日为孟春之一日，惊蛰为仲春之一日；大尽三十一日，小尽三十日，岁岁齐尽，永无闰余。十二气常一大一小相间，纵有两小相并，一岁不过一次”。即按节气定月，以立春为元旦，不管月亮圆缺，只管时令节气；大月 31 日，小月 30 日，大小月相间，不置闰月。这就解决了中国历代历日制度的矛盾。因为历日制度规定以 12 月配于春夏秋冬 4 季，每季 3 个月；如遇闰月，则此季为 4 个月。如现今农历中闰八月时，则秋季有 4 个月，而老百姓对这个闰八月是相当敏感的，认为该月神秘莫测，甚或打红伞、挂红线

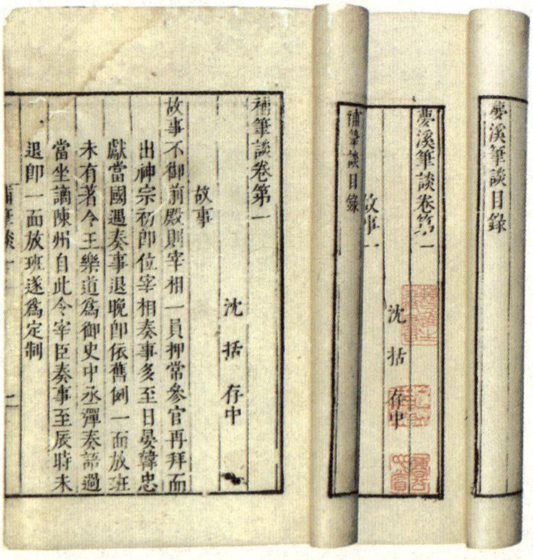

「《梦溪笔谈》」

「沈括」

以避邪。而在天文学上，均以立春、立夏、立秋、立冬为四季的开始，时间均匀分布。传统的历日制度与天文学的科学划分始终矛盾，也无法统一。若按沈括的办法，历日制度更科学，与天文学相统一，而且简便易行，可以更好地为社会生产服务。沈括的历日设想虽未在当代颁行，但现今国际通用的公历，实为沈括设想的翻版，稍微遗憾的是：公历12月的时间分布不均匀、不合理，尚不如沈括设想的完备。

元代颁行的《授时历》，由王询、郭守敬等共同修订，并由郭守敬写成定稿。《授时历》可谓集我国古代历法之大成，它的突出贡献在于考证七事并创法五事。考证七事为考证了冬至、岁余、日躔、月离、入交、二十八宿距离、日出入昼夜刻。创法五事为：用立招差求每日太阳盈缩初末极差；用垛垒招差求月行转分进退及迟疾度数；用勾股弧矢之法求黄赤道差；用圆容方直矢接勾股之法求黄道去极度；用立浑比量求白赤道正交与黄赤道正交之距限。

「郭守敬雕像」

《授时历》为中国古代历法的代表作，它以365.2425日为一年，同地球绕日运行一周的实际时间只相差26秒，与现行公历的周年时间相同，但《授时历》却比现行公历早颁行300年，充分反映了中国人的聪明与智慧。

明清之际，颁行过数部历法。太平天国时，创行《天历》。但这些历法均未超越《授时历》，无甚突出之处。而且这时西学渐入中国，中国历法开始受西方历法的影响。辛亥革命后，政府宣布使用国际通行的公元纪年。公历非中国人之功，但采用公历却表现了中国人勇于接受科学的博大胸怀。

另外，长江流域的少数民族还根据自身的需要，创制了藏历、彝历、傣历，并依照其历法安排其民族节日，这也是他们对中国节令文化的贡献。

「藏历新年」

二十四节气

(一)二十四节气的内容

西汉刘安等撰《淮南子·天文训》曰："日行一度，十五日为一节，以生二十四时之变"，并列出二十四节气的名称。这说明二十四节气的说法在秦汉之际已定型。

> 二十四节气是根据地球绕太阳运行一周的轨道(黄道)来划分的，一周 360°，每隔 15°为一节，共二十四节，均有其相应的名称。这些名称寓含着气候变化、物候特点、农作物生长情况等意义。

二十四节中，从立春开始，至大寒而止，依序排列，逢单的为节气，简称为"节"；逢双的为中气，简称为"气"。每月有单、双，故合称"节气"。二十四节气的名称与相应的太阳黄经为：

节气	太阳黄经	中气	太阳黄经
立春	315°	雨水	330°
惊蛰	345°	春分	0°

清明	15°	谷雨	30°
立夏	45°	小满	60°
芒种	75°	夏至	90°
小暑	105°	大暑	120°
立秋	135°	处暑	150°
白露	165°	秋分	180°
寒露	195°	霜降	210°
立冬	225°	小雪	240°
大雪	255°	冬至	270°
小寒	285°	大寒	300°

以上二十四节气，各有各的节庆含义，其义为：

立春 一年二十四节气中的头一个节气，约每年2月4日（公历，下同）。此时春回大地，万物萌发，故而立春作为春季开始的节气，立春之后就是春耕农忙之际了，故农谚曰："一年之计在于春。"

「二十四节气之立春」

雨水 约每年2月19日。此时气温回暖，我国广大地区降雪渐停，而雨量渐增。

惊蛰 约每年3月6日。此时天气转暖，渐有春雷，冬眠动物将出土活动，我国大部分地区进入春耕季节。农谚曰："过了惊蛰节，春耕不停歇。"

春分 约每年3月21日。此时太阳光直射赤道；南、北半球的昼夜长短几乎一致，故曰"分"。在天文学上，春分为北半球春季的开始。农谚曰："春分麦起身，一刻值千金。"

清明 约每年4月5日。此时气候温暖，春光明媚，草木萌发，天气清澈明朗，万物欣欣向荣。农村多忙于春耕春种，故江南农谚曰："清明谷雨两相连，浸种耕田莫迟延。""种树造林，莫过清明。"

谷雨　约每年4月20日。此时天气较暖，雨量也较以前增加，是春季作物播种、出苗的重要季节，有“百谷赖雨生”的意思。

立夏　约每年5月6日。此时气温显著增加，我国习惯上作为三季开始的节气。这时农作物生长渐旺，田间管理日益繁忙，故农谚曰：“立夏三朝遍地锄。”

小满　约每年5月21日。此时我国北方的麦类等夏收作物籽粒逐渐饱满，开始结实成熟；南方进入夏收夏种季节。

芒种　约每年6月6日。芒为有芒的农作物，种为种子。此时有芒的麦类作物已成熟、可留种，或表明晚谷、黍、稷等作物播种最忙的季节。长江中下游地区将进入多雨的黄梅季节。

夏至　约每年6月21日。此时阳光几乎直射北回归线，北半球的白昼时间最长，故天文学上规定夏至为北半球夏季的开始。这时气温继续升高而农作物生长旺盛，杂草和各种病虫迅速滋长蔓延，田间管理繁忙，故农谚曰：“夏至棉田草，胜如毒蛇咬。”

「二十四节气之夏至」

小暑　约每年7月7日。暑为炎热之意，此时暑气上升，正值初伏前后，我国大部分地区开始进入一年中最热的时期。在农业生产上，多忙于夏秋作物的田间管理。

大暑　约每年7月23日。此时正值中伏前后，我国大部分地区开始进入一年中最热时期，谚曰：“热在中伏”，也是喜温作物生长速度最快的时期。

立秋　约每年8月8日。此后气温开始下降，秋高气爽，月明风清，我国习惯上将立秋作为秋天的开始。长江流域早稻收割，多季稻移栽和管理。

处暑　约每年8月23日。处为止也，表明暑气至此而止，此后我国大部分的地区气温逐渐下降。

白露　约每年9月8日。此时气温逐渐降低，天气逐渐转凉，昼暖夜寒，易达到露水形成的条件，因而露较多、较重、呈现白色，故而叫“白露”。

秋分 约每年9月23日。此时太阳光又直射赤道，南、北半球的昼夜几乎等长，因而天文学上规定秋分为北半球秋天的开始。这时我国北方地区进行秋收秋种。

「二十四节气之秋分」

寒露 约每年10月8日。此时露华渐浓，草木枯萎，气温已经低下来了。寒为露之气，先白而后寒，表明露水已寒，快到结冰的季节了。这时我国大部分地区天气凉爽，进行秋收秋种。

霜降 约每年10月23日。此时地面的水汽遇到寒冷天气而凝结成霜，所以叫霜降而非降霜。这时黄河流域一般出现初露，而南方地区进入秋收秋种的大忙季节。

立冬 约每年11月7日。冬为终之意，万物该收藏了。此时黄河中下游地区即将结冰，因而我国习惯上将立冬作为冬季的开始。这时我国各地开始冬季农田水利基本建设及农事等活动。

小雪 约每年11月22日。此时气温下降，黄河流域一般开始下雪，但雪量还不多、不大，故称小雪。

「二十四节气之冬至」

大雪 约每年12月7日。此时气温继续下降，降雪量开始大起来，黄河流域一带渐有积雪。农谚曰：“大雪冬至雪花飞，搞好副业多积肥！”

冬至 约每年12月22日。此时太阳光直射南回归线，北半球白昼最短，黑夜最长，气温继续降低，故天文学上规定冬至为北半球冬天的开始。我国习惯上将冬至作为“数九寒天”

的开始，以后每隔9天为一阶段，称“一九”至“九九”，共计81天。我国大部分地区做防冻、积肥等农事活动。

小寒　约每年1月6日。此时寒冷的冬天已到，冷气积久而为寒，我国大部分地区进入严寒时期。

大寒　约每年1月20日。此时为天气寒冷到极点，正处于“数九寒天”的“三九”之时，这时我国的大部分地区为一年的最冷时期，故有“冷在三九”的说法。

二十四节气的含义主要是我国古代人民在黄河流域长期从事农业生产活动而总结出来的，由于它能基本上反映农时季节，又便于依此安排农事活动，因而逐渐推广到全国。长江中下游地区与黄河中下游地区的气候大体相近，而其他地区则未必完全一致（如东北、西北、西南、岭南等），因而应结合当地的实际情况，灵活运用二十四节气。以前，长江流域的人们对二十四节气有自己的一套农事安排和节庆活动，有的节庆备受重视，人们便用多种方式表达出庆贺意思；有的节气未带有特殊的含义或典故，人们便平平淡淡地过。下面就长江流域的人们较为重视的节气和节庆活动择要介绍。

（二）立春与打春牛

立春为二十四节气中的第一个节气，我国习惯上将它作为春天到来的标志，因而对之十分重视。长江流域的人们在立春日会举行一些庆祝活动，以表示对春天的到来寄予了无限的希望。

在云南玉溪地区，立春前一天，官吏准备好芒种和春牛像，用彩色旗仗到东郊迎春，行躬耕礼，即在起春堂驱活牛拖犁，地方官象征性地扶犁耕地三次。然后，持彩仗的迎春队伍绕城街巡行，回归衙门，众人围观如堵。

「春花」

在四川成都地区，地方长官在立春前一日率僚属迎春于东郊，芒神、土牛导于前，仪仗整齐，鼓乐喧天。然后演春戏，男女齐围观，谓之“看春”。次日，在府衙前鞭土牛，谓之“打春”。

在湖北黄冈地区，众人在立春的先一日观迎春，以土牛之身、首的土色卜水旱，以芒神的鞋、帽占寒暑。各家焚香祝酒，曰“接春”，互相祝贺新春大发，作物丰收。

在江西九江地区，众人在立春日各备春菜盘陈设于天祖前，待时辰一到便焚香拜祭。官员率众迎春，众人以米、豆撒牛背上祈祷丰收。鞭过土牛后，众人争拾土牛之土，谓该土可治病。农民则以立春日的天气占气候，谚曰：“最喜立春晴一天，农夫不用力耕田。”

在江苏苏州地区，立春先一日，府县官吏行迎春礼，盛设仪仗，出城到接仙堂迎接芒神、春牛而归。百姓塞街填巷，沿途观看，争睹迎春的仪式，以此作为判定一年的水旱、疾疫之依据。第二天，官员候至立春的时刻，就祭芒神和春牛，然后各执彩仗行报春礼。围观者竞相用五谷掷春牛，掷中者为吉利。礼毕，官员们在官衙的大堂饮春酒，乐歌齐奏，以示与民同乐之意。街坊邻里互相以春球相馈赠。百姓们买回芒种、春牛、亭子置于堂中，如此则农事有成。士庶交相庆贺，谓之“拜春”。

长江流域各地的人们，在立春之日为何都要以鞭打牛呢？

据传说，隋炀帝杨广在位时，倒行逆施，暴虐不堪，营建东都，巡游江南，对外用兵，对内高压，弄得民不聊生，怨声载道。此事被玉皇大帝知道了，传旨兴师问罪。天兵天将下凡，将巡游途中的暴君杨广给吓死了。天兵回奏玉帝，玉帝余怒未消，令阎王将杨广的魂魄贬为牲畜。不久，长安城内一母牛产下牛犊，奇怪的是牛犊的脖子上有“杨广”二字的白色印纹。众百姓知道后，均认为牛犊是昏君杨广投胎转世，余恨未消的百姓将牛犊用麻绳捆绑，押送到校场，众人用棍棒使劲地打它，一下子就将牛犊打死了。这一天恰逢立春日，从此以后，每到立春日，人们就用鞭子打着牛。有的地方为鞭打活牛，有的地方舍不得打活牛便用土牛或纸上画牛代替。

《吕氏春秋·孟春》载，立春日，斋戒后的天子亲自率领三公九卿诸侯等人到东郊去迎接春的降临。天子还选择吉日向上帝祈求五谷丰登，并选择吉辰率领百官去亲耕籍田。耕地时，推耒耜入土，天子推三下，三公推五下，卿、诸侯、大夫等推九下。礼毕返回，天子在祖庙举行宴饮，慰劳群臣，名曰“劳酒”。由此可见，迎春的节庆源于上古时对农业生产的重视，史载西周的周宣王就曾“亲耕籍田”，因而“中兴周室”。

随着时间的推移，天子亲耕籍田的迎春方式逐渐发生了变化，对农业的重视已经深入人心，成为地方官府的职责之一，因而由各地举行迎春仪式就行了。但在某些不平常的时候，后代的皇帝们也会在立春日“亲耕籍田”，以作为天下的榜样和示范；或在立春时颁发《劝农诏》之类的诏令，要地方官员和农民一起大力发展农业。

「打春牛」

长江流域的立春节庆内容虽然与上古时天子亲耕籍田的仪式有很大的不同，但仍保留了许多传统的东西，如迎春都是向东方，到东郊去迎接，因为春神就是史前东夷前期首领伏羲氏太皞，而东夷活跃于黄河流域的下游；芒神就是句芒，据说是史前东夷后期首领少皞氏的长子重，他负责观察天象编制岁时节候，所以被后代奉为植物之神；天子、大臣推几下耒耜，演变成臣民鞭打几下春牛，鞭牛自然含有努力春耕的意思；天子的“劳酒”也保留下来了，变成天下臣民在立春同饮春酒的习俗，含有与民同乐、普天同庆的意思，如东汉科学家张衡的《东京赋》曰：“因体力以息勤，致欢忻于春酒。”至于观春牛之色以占卜丰歉吉凶、抢土牛之碎土以宜田蚕等，应属于人们对土地的崇拜心理。这些节庆内容都有劝农事、重视农耕、勿误春耕的含义，反映了农业民族的社会心理，属于优秀的可继承的社会文化。

（三）清明与扫墓

清明时节雨纷纷，路上行人欲断魂。
借问酒家何处有，牧童遥指杏花村。

唐代诗人杜牧的这首诗道出了清明时的主要气候特征，情景交融，引人入胜，成为一首妇孺皆知的好诗。这首诗之所以知名度高，除了诗本身写得好之外，还源于人们对清明节的高度重视。人们在过清明节时，往往免不了对孩童们背诵、讲解这首诗，进行情景教育。

「杜牧《清明》」

在二十四个节气中，每个节气都可称作“节”，但在百姓的心目中，真正称得上“节”并冠以“节”的节气，恐怕非清明莫属。人们习惯上都称“清明节”，而其他的节气很少带“节”字。可见在中国人的心目中，清明的分量是相当重的。

中国人重视清明节，其因有二：一是自冬至到清明的一百多天里，多为寒风雨雪的日子，其间虽有春节、元宵节等热闹的节庆，但在严寒之下的人毕竟有着沉重的压抑感，需要适时舒张宣泄。而春分之后，农历上的春天才真正开始了。这时气温升高，雨量渐多，万物萌发，桃红柳绿，呈现一派新气象。因而人们选择清明节的日子，到户外郊野呼吸新鲜空气，享受自然美景，抒发胸中闷气。二是传统的寒食节与清明节时间相近，逐渐合二为一。

寒食节的来历，源于春秋争霸时的历史故事。

春秋时，晋国君献公宠爱妃子骊姬，骊姬为亲子奚齐谋夺太子之位，遂拨弄是非，使献公逼杀了太子申生，又欲擒杀申生之弟重耳。重耳避难出逃，流亡国外，名士狐毛、狐偃、赵衰、介子推等皆追随重耳逃难。重耳等犹如丧家之犬，在流亡期间备受艰辛。在路过卫国时，重耳又饿又累，

「寒食节食物」

躺倒在地。这时，介子推捧着肉汤一碗进献给重耳，重耳美美地喝完了，咂咂嘴问道：“你这肉汤是从哪儿弄来的？”介子推答：“我见公子饥饿，割下自己的腿肉煮汤，以饱公子之腹。”重耳一听，感动得热泪直流，说：“我连累先生了，您这样待我，我将何以为报呢？”介子推说：“只要公子早归晋国，成就大业，我心已足，岂有望报之愿。”重耳在外流浪19年，适晋国内乱，重耳得秦国力助，复国为君，是为晋文公。

晋文公即位后，大会群臣行封赏，并将流亡时的随从人员列为首功。时介子推正托病在家，躬耕侍候老母，文公论功行赏因未见子推而忘之，故未封贺子推。邻居解张见子推未受赏，便将封赏之事告诉子推母子。其母问：“儿有割股之功，而为何不去受赏，受赏岂不胜于躬耕纺织乎？”介子推答：“儿耻于争功、居功，宁可终身耕织，不贪功受赏。”介母说：“儿当廉士，我当为廉士之母。我们应该隐于深山，勿为市井铜臭所污！”介子推就背着老母上了绵山，结庐于深谷之中，草衣木食，甘愿淡泊终身。

邻人解张知之，心怀不平，乃作书一封悬于朝门曰：

有龙矫矫，悲失其所；
数蛇从之，凋流天下。
龙饥乏食，一蛇割股；
龙返于渊，安其壤土。
数蛇入穴，皆有宁宇；
一蛇无穴，号于中野。

文公览毕，曰：“此寡人之过也。”连忙派人去召介子推，但介子推已离家不在。经解张说明原委，才知介子推已隐居绵山。文公亲自带人到绵山寻找，但见山峦连绵，林深草茂，难觅功臣的踪迹。文公无奈，只得下令举火焚山，期待素有孝名的介子推负母而出。谁知大火烧了三天，也不见子推出来。待火熄灭，军士发现介子推母子相抱，死于枯柳之下。文公见之，流涕懊悔，命将骸骨葬于绵山之下，立祠祀之。又将绵山改为介山，以志文公自己的过错。后人还传说，文公曾在介子推尸身靠着的柳树洞里发现了一块衣襟，上面有几行血书，曰：

割肉奉君尽丹心，但愿主公常清明；
柳下作鬼终不见，强似伴君做谏臣；
倘若主公心有我，忆我之时常自省；
臣在九泉心无愧，愿政清明复清明。

从诗文中“谏臣”二字看，此诗应是秦以后所作；从七言诗的发展史来看，此诗也不可能产生于汉代之前。此应为后人所加工的。

介子推被烧死的那天，正是农历三月五日清明节之时。晋国人敬仰、思慕介之推，因其死于火，故不忍举火，为之冷食一月，谓之“禁火”，亦称“禁烟”。后渐减冷食之时为三天。此俗后来推广到全国，以清明节的前一天为寒食节。寒食节时，家家户户插柳于门，以招子推之魂；或设野祭，烧纸钱，皆为子推故也。再后来，寒食节渐不流行，但野祭等活动却保留到清明节的内容中了。

在长江流域，每到清明节时，民间有上坟扫墓、踏青春游、戴柳、斗鸡、打球、荡秋千、放风筝等习俗。当然，各地的节日内容有所出入，但大体若是。

我国各族人民历来重视祭祖。而清明节照例是祭祖的日子，因而对清明节十分重视也就不足为奇了。上海旧俗，在距节前月许，各家妇女就开始操办上坟祭祖的准备工作了，如折锡箔，磨纸锭，购买草囤、红绿长络线，写囤票签等。到距节一周时，便着手操办祭祖的酒肴了。俗称祭祖为“过时节”，要用四至六碗菜肴摆一桌，桌数视情况而定，祭祖宗的一桌为“家常桌”，祭父母的一桌为“父母桌”，祭娘家亡灵的一桌为“岳家桌”。祭时的仪式为供菜、斟酒、点香烛、跪拜、祷告、烧纸锭等。只有在家中先行祭祖过后，才能到户外上坟祭祖。

清明上坟扫墓时，大多着新衣、带草囤。草囤上贴着红纸条，写有某

「清明节祭祖」

某（死者）亲收、某某人送等字。草囤被生者视为冥间的财富，故坟上用的草囤当然是多多益善。各家少则带几只，多则带数十只，一般视上坟者人数、死者人数的多少和家境条件而定。有条件者用麦柴扎成一人多高的麦库，内放纸锭、冥钱、经疏，带到坟上焚化。因而清明上坟俗称“烧囤”或“烧草囤”。亲友之间在清明节前还互赠草囤，表示仍未忘祖和悼念亡灵之情，以此作为联络亲情、保持往来关系的一种特别方式。

上坟的供品有青绿团、黄鱼、肉等食品，一般都用提篮拎到坟上。到了祖坟地，就供食品、点香烛、叩拜、焚囤、除草、培土、修整树枝等。按沪郊习俗，如连续三年无人祭扫坟墓，则该坟可当无主野坟处理。祭扫完毕，如有看坟人，坟主要以祭余菜肴馈赠之，并付给守坟的年金。若为已故的亲戚去上坟，则主人家要用酒食款待，以表谢意，俗称之为“吃清明”。幼辈自新年来初次见面，长辈仍会给压岁钱及礼品。

据《杭州府志》记载，当地清明节时家家以柳条抽打家门，据说如此便可“明眼”。这天还举行赛龙舟的活动，人们都去观看，全城为之一空。湖上岸边，鼓乐喧天。到傍晚才相继回家，顺道买些木鱼、龙船、花篮、闹竿等物而归，馈赠亲朋邻里。

清明节亦可谓“扫墓节”，各家各户都设奠祭祀祖先，并出门扫墓，将纸钱挂于墓旁树枝上，扫墓与春游合二为一。

苏堤一带桃李荫浓，红翠间错，因而人们扫墓完毕就游西湖，观赛舟，或到灵隐寺烧香。大凡游人多的景点处，便有各种热闹玩意。如西湖周围，有走索骠骑、飞钱抛钹、踢木撒沙、吞刀吐火、跃圈觔斗、舞盘及各玩鸟斗虫之戏，有外地艺人至此操乐卖歌者，还有扮演彩装傀儡戏的、表演莲船战马的、打鼓吹箫的、上演戏剧的、弹唱说书的，不一而足。至于香茶细果、水酒食杂等买卖者，则更多。人来人往，好不热闹，犹如杭州城内的闹市搬移到了山间湖边一样。

在安徽芜湖地区，清明节之前，城中百姓将城隍庙里的神抬着遍游城内外。至于庙里的判官、小官、走卒等则由活人装扮，面涂油彩，身穿花衣，徒步前导开路，继以彩旗鼓乐，人称“城隍会”。同时，召艺人在城隍庙演戏，供人观赏。到清明节，各家皆插柳枝于门户，谓可避邪。是日各家皆相率上坟扫墓，到墓前摆上牲礼，焚烧纸钱。祭毕，树一纸标于墓上，名曰“标祀”，实为向旁人表示：此墓有后人祭扫，勿作无主之坟处理。若是聚族而居者，一般都有同宗同族的坟山或坟地。到清明祭祀祖先时，同族之人少长咸集，按长幼尊卑次第跪拜祖灵，往往日暮方毕。若有人祭毕欲行者，可以分得一刀肉带回家。还有的宗族在清明集体祭祖时，将族中的读书人召出，课以诗文、判以优劣，并由族长宣讲一番孝悌忠信之道，这大概是科场得意者的后裔所为。

「城隍会」

“城隍”一词源于古代的城墙和护城河，“城”原指挖土筑的高墙，“隍”原指没有水的护城壕。城隍庙会指在城隍庙附近聚会，进行祭神、娱乐和购物等活动，是中华文化传统的节日风俗。不同地区庙会时间不同。庙会期间，四方百姓纷纷来还愿许愿、祈福祈寿、进香摆供，各种买卖兴隆，衣食布匹、日杂百货应有尽有，热闹非凡。

在江西抚州、吉安地区，清明时插柳于门，头戴嫩柳，谓能辟邪。男女老幼百十为群，提壶携物上坟扫墓，以纸钱挂坟，谓之“挂纸”。无论远近祖坟皆须奠酬，虽荒郊野冢也挂扫一番，算是积阴功，故有“若要富，挂野墓”之谣。贫者上坟，只鸡斗酒以祭，尽心而已。富者或大宗族上坟，动用鼓乐，整猪酒肴不在话下，祭毕将艾和米做成的糍粑分给守坟人和前来围观者，其花费就不小了。

湖南之俗，清明日男女折柳枝插头上，整齐衣冠，备猪羊祭品，合族诣祖坟拜奠。沿途鼓乐吹打，燃放鞭炮，以壮族势，甚或为此或为坟地而起纠纷者有之。至墓地清扫杂草，布纸钱，无论远近、先后、贫富之亡灵，皆礼拜致祭。族大有力者，此时还要清坟界，查祭田。祭毕归于宗祠，按人头给胙，近序齿饮宴。借此叙先祖之功，讲宗姓之谊，增强族人的凝聚力和向心力。

四川有的地方在清明前三日，地方官行文于庙，请出城隍像到北坛祭赏孤魂。用猪、羊各一及香烛、纸钱等物，戒碟斋供，并让僧道之人念经致祭无主孤魂。县令亲临行香，祭毕仍送城隍回庙。祭祀本为庄严肃穆之事，但绵阳地区还在清明时常在山林间演戏祭孤魂，让无主孤魂也潇洒一回，此娱鬼亦为娱人。

平民百姓在清明时，女孺戴柳于鬓，名曰“柳叶符”。清明前后数日，上坟者络绎不绝，男女们提酒携肴，在墓前陈置香烛，燃放鞭炮，焚化纸钱，以纸幡系青竹插墓上，谓之“坟钱”，或曰“挂青”。祭毕，席地而饮，或邀亲友参加，尤有古人墓祭之礼的遗风。较富者上坟，用吹鼓手，抬盒、牲醴、楮帛必备。大富大贵者用大排场，祭品为全猪全羊。祭毕，或在家或在近坟处，主人摆宴请宾客，亲友则赠以香烛等祭品之物。有的地方在清明时采回嫩艾，捣米粉和为糍粑，用以祭先人，并以此馈赠亲友。不论贫富，祭扫祖坟、焚烧纸钱的风俗，均表示不忘根本之意。

云南人在清明节前后数天，插柳于门，家家户户老幼偕往祭墓。有的地方择日行古礼，戴面具演古戏，请僧道设醮，扎龙船、扮方相，意在逐驱瘟疫。有的地方男女佩戴柳条到墓地，斩荆棘，挂纸幡，供酒肉，祭拜祖先。祭毕，男女各在一处，席地而食，名曰“拜扫”。回归时，大家争采花卉比芳香，以娱尊长，谓之“踏青”。儿童们戴柳帽，骑柳马，沿途游戏为乐。

在青海、西藏之地，因受宗教的影响颇大，气候与内地相差也较大，而且藏历的年节与农历大不相同，因而只有移居的汉人会在清明节时祭拜祖先。

(四)冬至与祭祖

在二十四节气中，冬至这一天在传统上也是祭祖上坟的日子，因而也将之称为“节”。但其祭祖的意义逐渐淡化，由此民间多将冬至仅视为节庆而已。按传统称呼，冬至这天还有“亚岁”、“长至”、“短至”、“大至”等别称。冬至的前一天又称“小至”。今人多仅知冬至之名，由此可知，冬至的节庆地位呈下降趋势。

「冬至梅景」

青藏地区的藏族同胞没有过冬至节的习惯，但在四川地区居住的藏族却在每年的冬至日举行祭祀，以祈来年幸福。冬至前一日，各寺院就以绣锦帐幔张饰四周，天井地上铺花毡作为普通喇嘛的座位，西隅东向设高位为大喇嘛的法座。寺中收藏的各种珍宝罗列摆放，历代大喇嘛受朝廷赏赐的各种珍品及名人字画亦陈列其间。冬至日，大小喇嘛依其地位高下而分坐，众僧唱经念佛祈祷来年幸福平安。善男信女则前来叩拜布施，参观游玩。

先时，云贵地区的汉人不如现今之多，因而对冬至节的重视远不如长江中下游地区。不过，地方上的文武官员在冬至这一天并不空闲，仍然依古礼互相拜贺。在贵州的世家大族若是建有宗姓祠堂者，在冬至日举行合族祭祖的仪式，在黎明时陈设祭品，鼓乐声中一起祭拜祖先，其仪式类同于清明节的内容。家庭丰裕者，于冬至日开始宰猪腌肉，并制年酒、年粑等年货。宰年猪时，多请宾客，同喜同乐，一起享受丰收后的快乐。云南各地对冬至节的重视程度不一，有的地方在冬至节各家都召聚亲友祭奠祖

「冬至晒腊肉」

先并宴饮为乐，并有“冬至大似年”的说法。届时，用糯米粉掺豆屑捏团，蘸糖而食，名曰“豆面团”。有的地方亲友间以米面相馈赠，并有以药物和羊肉煮食者，或者煮赤豆羹饮食。人们总是要在这个时候做些传统美食享用一番。

相对云贵地区而言，四川人过冬至节的气氛要浓一些。地方官在这一天照例会在书院中向万岁亭朝贺，并互相贺拜。民间则将冬至日称为“过小年”，因而自然会表现出一些类似过年的气象。如：士大夫相互拜贺，名曰“拜冬”，士拜师傅，卑幼拜尊长，又称“贺长至”；有的地方在冬至日各家皆出城扫墓，仪式同于清明，谓之“上冬坟”。

聚族而居者，要举行“冬至会”，即合族而祭。届时合族用猪羊酒肴诸物祭其祖先，祭毕则开设宴席，合族聚餐，以尽一日之欢。

在绵竹，冬至祭祖更为讲究些。其宗姓祠堂颇为气派，大多陈列有雕镂青石神龛或刻木彩画，礼器、乐器齐全，祭品则有猪羊、鸡鱼、果蔬等。冬至日，族长率全族人向祖先牌位行三跪九叩礼，念毕祝文后，族长向大家讲述先人训诫，主要是团结和睦、劝恶向善的内容，然后一起饮宴，若有违规犯上、酒醉胡来者，罚跪示惩。

普通百姓人家在冬至日也在家中祭祖先。家庭经济条件稍好者，在这一天宰猪腌肉。四川有句俗语：“冬至不割肉，枉在世上活”，故有钱人家都腌腊肉、灌香肠等准备过年，因为冬至后腌的肉不腐坏、不流油，所以这个习俗一直流传至今。而腊香肠的做法是将猪肉细切，和以椒盐与香料，灌入小肠中，谓之“装酿肠”，熏干食之，味尤香美。

至于穷苦人家，冬至开始有忙不完的农活。相传在冬至日耕田，草根可以永除，名为“草王会”。农人在这时种麦、菜等农作物，谓之“小春”。人们还在冬至日采桑叶阴干，名为“冬桑叶”，入药可以祛风。或者将采回的桑叶九蒸九露，储以待用。

两湖地区的冬至节庆内容基本相同。当地将阴历十一月称为“冬月”，其实，阴历的十月、十一月、十二月皆为冬，独称十一月为冬月乃因“冬至”在该月故也。俗语云：“冬月三一晴，来春米谷一般平；冬月三一阴，来春米谷贵如金。”即以阴历十一月的初一、十一、二十一占来春正月、二月、三月的年成。冬至晴则年必雨，冬至雨则年必晴，故云：“干冬湿年”。因而人们喜好干冬，以期开春有雨，及时春播，有个好年景。故而有冬至时“风打秤，雨打斗”的谚语，即冬至有风雨则青黄不接时米谷必贵，穷人有挨饿之虞。

安徽合肥人在冬至时，男女老幼晨起先拜天地、神祇和祖先，再拜尊长，还出门拜贺亲友邻里，箫鼓之乐通宵达旦，犹如过年般热闹。宗族者，祀始祖于宗祠，少长咸集，祭毕会聚同饮，至晚方散归各家。是日，女红试线，进鞋袜于舅姑。南陵市人在冬至时以荞麦粉制饼沿街叫卖，谓食此饼可下猪毛，意为有消食功效，实则荞麦性能降阴生阳，此日卖此饼乃取其合于冬至“阳生”之义。

「 冬至夜团圆画 」

江苏人谓冬至为“过小年”，民间颇重视。苏州人称冬至前一日为“至少”，祭拜祖先，届时即便天暖亦必烧旺炭火，大概也有呼应“阳生”之意。冬至日则互相拜贺，像过年一样食糕点之物。按当地物候，冬至晴则除夕雨，冬至雨则除夕晴。吴县人视冬至节甚于过年，故有“肥冬瘦年”之称。冬至时，亲朋好友互相拜贺与馈赠，谓之“冬至节盘”。冬至前夕为“冬至夜”，如同除夕夜一样全家人团圆吃酒席，谓之“节酒”。无论贫富，冬至夜必具酒食祭拜先人，亦必炽炭置于神龛案下，喻意本家有旺火，会兴旺发达。是夜，出嫁女不得在娘家过夜，不管多晚都得返回婆家。街上罢市三日，各人在家过节。是日官府开设施粥局，至除夕止，施惠穷人，亦有施钱米、棉衣者。善于养生者从冬至始饮乳酪，服补剂以固本养元。士大夫递相邀宴，美其名曰“消寒会”。养鱼者至时开始起塘，曰“起荡鱼”。谚云：“冬至前米价长，贫儿好长养；冬至后米价落，贫儿转萧索。”反映了天气与年成、米价间的关系。冬至时亲戚间互相走动，赠送礼品，故而有人为此赋诗感叹曰：

至节家家购物仪，迎来送去费心机。
脚钱尽处浑闲事，原物多时却再归。

古代上海人称冬至前夕为“冬至夜”，做花糕，杀猪羊祀先。三日罢市，互相拜贺，鼓吹喧闹，号“豁听”。相互宴请，称为“分冬酒”。上海也有“冬至大如年”之谚，祭拜祖先，十分隆重。出嫁女亦不得在娘家过冬至夜，必返婆家。从冬至日开始，人们也唱九九歌：

一九二九，相见不出手；
三九二十七，树头吹筚篥；
四九三十六，夜宿如露眠；
五九四十五，穷汉街头舞；
六九五十四，树头青渍渍；
七九六十三，布衲两头担；
八九七十二，猫狗讨阴地；
九九八十一，犁耙一齐出。

| 丰富多彩的传统节庆 |

长江流域的各种节气有着不同的活动内容和文化涵义，却代表着不同时代的人们所持有的相同的思想观念，是中国传统文化的反映。了解并延续这些节庆，才能更好地研究、弘扬中华民族优秀的传统文化，更好地为当代、未来服务。

春节

爆竹声中一岁除，春风送暖入屠苏。
千门万户曈曈日，总把新桃换旧符。

11世纪，中国的大改革家王安石所写的这首咏春节的诗脍炙人口，高度概括了我国人民过春节的盛况。

春节是中国人最重要的节日，也是中国传统文化的高度浓缩与集中体现。关于春节的来历，有些美妙的传说，其中流传最广的故事说：在远古的时候，有一种叫做“年”的怪兽，既厉害又凶残，什么动物都不是其对手。平时，它在森林里以动物为食。每当严寒将尽、新春将临时，动物减少，“年”就跑下山进村吃人和畜，一口就可将人吞下去。人们十分害怕，为了活命就躲到屋中，但这样仍然免不了人畜遭殃。于是，人们在村口燃起火堆，大火噼噼啪啪地烧，吓得“年”再也不敢进村了。赶走了“年”，人们就在火堆旁尽情地唱歌跳舞，饮酒吃肉。年复一年，人们继续着同样的活动，以后就将之称为“过年”。

「欢度春节」

过年在农历的正月初一，古时称为上日、元旦、朔日、溯旦、元正、正日、正旦、正朝、三元、三朔、三朝等。现代改称为春节，元旦则改称公历的一月一日。

春节的渊源非常古老，披着神话传说外衣的春节，其实源于新石器时代的原始农业活动。那时，初步掌握原始农业生产技术的人们，每当收获时，都会唱着原始之歌、跳着原始之舞予以庆祝。春播之前，人们也会载歌载舞一番，以预祝丰收。这种情形，在民族学的资料中仍可寻求到其遗迹。据明清时的学者记述，台湾的土著部落中，有部分部落似乎刚学会从事原始农业。他们视山花开而耕，开耕时插标于路，表明一年中的农业活动开始了。农耕期间，人们小心翼翼，遇到外人欺侮也不反抗，以免得罪神灵，收获无望。直到收获后才将路标撤掉。收获后的第一件事就是酿酒，待酒酿成，人们聚集一处，通宵达旦地喝酒吃肉、唱歌跳舞，相当于举行丰收祭。这种丰收祭大概就是春节的雏形。

丰收后自然是应该庆贺一番的，但我们的祖先积累的农业生产经验逐渐多了一些后，大概会认识到收获后的事情还很多，秋收冬藏的工作要抓紧，同时还应该乘着天气尚未寒冷而多准备越冬的食物。另外，物候知识增多，节气的概念逐渐形成，农历也慢慢地诞生了。这时，人们会觉得在岁首庆贺一番较为妥当，一则一年的开头理应庆祝，有好的开头才会有好的结尾；二则岁首正是农闲季节，地未解冻，兽在冬眠，人们有时间来庆祝；三则冬天即将过去，新春快要来临，在春耕农忙之前要好好地享受一番。如此，便形成了春节时热热闹闹的风俗。当然，一种风俗的形成，绝非一时之功，尤其古老的春节习俗诞生于无文字的上古时代，因而要正确地考定其起源、其时间、其过程、其形式都是相当困难的，倒不如就以神话传说为依凭，让我们与后人在欢度春节时继续流传神话，继续想象。

古老的春节习俗对中国人影响巨大，本书仅就长江流域的情况略作介绍。

(一)祭祖先神灵

中国人崇拜祖先的观念相当浓厚，过春节时对祭拜祖先和尊卑年序更为讲究。据《四民月令》载：“正月之朔，是谓正旦，躬率妻孥，洁祀祖祢，及祀日，进酒降神毕，乃室家尊卑，无大无小，以次列于先祖之前，子妇、曾孙各上椒柏酒于其家长，称觞举寿，欣欣如也。”古人尊祖、祭祖的形式虽与今天有所不同，但其精神内容却有相当多的成分保留至今。如上海人过春节时，初一拂晓便在堂前点起红烛，摆上供品，全家人先拜天地，再拜祖先，然后互拜。杭州人在初一将先代及祖、父辈遗像悬于一室，名为“神子”，又叫“容子”，整天燃香烛、供蔬果和酒食，至天黑“落灯”才将遗像收藏。亲戚朋友拜年时，必须先拜神子，再贺主人。萧山人在初一燃鞭炮开门，拜天地神祇和祖先，再拜贺家中尊长。然后去叩拜先人墓所，焚烧纸钱，谓之“拜坟年”。江苏吴县人过春节时，堂中悬神轴，室内陈列祖先像，初一清晨合家长幼正衣冠，拜诸神祇及祖先。无锡人在春节设天帝位于堂，北向，摆上果酒等贡品，家长在初一率家人南向四拜，再拜祖先像和家祠。初四晚或初五晨祭财神，更是长江下游地区流行的节庆内容。安庆人在农历十二月二十四日开始张挂祖先遗像，每日用茶饭祭祀。初一鸡鸣时，合家燃香烛拜天地神祇及祖先遗像。直到正月初七的“人日”，才将祖先像祭而收之，不再日祭，以免祭拜的次数太多导致祖先厌烦。在九江，初一鸡鸣后，全家起床梳洗冠衣。家长向天神拜祝，谓之“祝圣”。黎明时，家长率全家老幼拜天神，各十二拜，逢闰年则加一拜。绅士们在家中向神阙稽首而拜。

「祭祖」

在湖北应城，初一五更天时，男女起床，闭户焚香，称之“紧财门”。再设果饼酒肴之物为供品，全家礼拜祖先和家神。然后开门，朝吉祥的方向燃一束柴，照以出行，谓之“出天方”，其燃着柴束，称为“发把”。黄冈人也是五更而起，先向北方叩首，曰“祝圣”。再开门，以酒酹地而拜，称“出方”。还室，礼拜家祖和祖先，全家团拜。湖南人在正月初礼拜祖先神灵的方式与湖北基本相同。

四川温江人在初一黎明时焚香燃爆竹，祭祀祖先及天、地、中、井、灶、门、户诸神。初二时，各户又在当日具香烛、纸钱祀井神，礼毕打水回家，称为“开井”，盖因除夕夜祀井后即闭井不打水的缘故。贵州人在初一五更天时，用爆竹开门，称作“接灶”，因为灶神在年末上天，初一回凡间，故须接人家。然后，焚香，在祖先牌位前和灶前摆设酒果等物，全家老少都穿着鲜衣拜祖先。初九，被称为“九皇生日”，先夜张彩灯，至十六日结束。邻居们择日一起修醮，意在祈新年逐瘟疫。修醮日，用竹条和纸车扎成船形，游历市巷，最后送之水边而焚之，此有傩戏的成分。昆明人在初一破晓时，张灯烛，焚香楮，设米花（用陈米微炒拌糖，捏成大小不一的团，名曰“米花团”）、黄果、干柿之类食品，以供祭天地、祖先。初九，拜谒城南的玉皇阁，或城内的圆通寺，或城外的鹦鹉庵。

长江流域的各族人民，在春节中首先不忘天地诸神和祖先神灵，体现了中国人不忘根本的民族精神，剔除其中包含着的某些迷信的色彩，这种精神传统仍有继承的必要。

(二)贴春联

“双手劈开生死路，一刀割断是非根”，此春联据说是明太祖朱元璋为一屠户家亲手书写的。而春联之名的正式出现，据说也是始于朱元璋时，陈云瞻的《簪云楼杂话》载：“春联之设，自明太祖始。”“帝都金陵除夕前忽传旨：公卿士庶家，门口须加春联一副，帝微行出观。”从此，贴春联的习俗经帝王的提倡而风行全国，成为春节时的一大景观。

「贴春联」

其实，门口贴对联的习俗早在朱元璋之前就形成了，对联、门对、桃符、门贴等名称都是春联的正式名称出现之前的“春联”形式。

据传说，很早以前的东海有座度朔山，山上风景秀丽，有一大片桃园。桃林里有一棵参天桃树，树下有两间奇石屋，屋内住着神荼、郁垒两兄弟。兄弟俩力大无比，狮子、豹子等都不堪一击。他俩以桃林为家，相依为命，精心培养桃树，用老虎为其守林。辛勤的汗水换来了硕果累累。特别是那棵大桃树结的果格外大、格外甜，人们都说那是仙桃，吃了可以延年益寿当神仙。

在度朔山的东北面，有一座野牛岭，住着个野王子。野王子力气很大，

「 神荼郁垒 」

纠集众人占山为王。他毒如蛇蝎，吃人心，喝人血，毒害一方。当他听说吃了度朔山的仙桃可以成仙得道，便派人去度朔山，要神荼兄弟献出仙桃。神荼兄弟却说：“我们的仙桃只送穷人不贡王。”将来人撵走了。野王子闻讯大怒，马上带领数百手下到度朔山，想教训神荼兄弟并抢桃。神荼兄弟带着守林虎迎战，经过一番恶战，野王子被打得狼狈逃窜。

野王子逃归野牛岭后，绞尽脑汁地想报仇，最后终于想出一计。在一个夜黑风高的晚上，睡得正香的神荼兄弟忽被惊醒，开门一看，只见东北方来了几十个青面獠牙的鬼怪，奇形怪状地乱叫着向他们扑来。兄弟俩艺高人胆大，神荼随手拿根桃枝迎上去，郁垒抓把草绳跟在后，哥哥打翻一个，弟弟捆住一个，不多时，几十个鬼怪全都被打翻捆住，丢入虎口。这些鬼怪原来都是野王子和手下装扮的，本想吓倒神荼兄弟，没想到个个丧命。消息传开，老百姓拍手称快，神荼兄弟的名声也越传越远。

后来，神荼兄弟去世了，人们传说兄弟俩上了天庭，被老天爷封为专管惩治恶鬼的神仙，他们过去种下的桃林也能够驱鬼避邪。此后，逢年过节时，人们纷纷削制两块桃木板，画上神荼和郁垒及守林虎的形象，挂立于门的两边，用以驱灾镇邪，保护平安。这种桃制的木片被称作“桃符”，这便是春联的前身。

关于桃符来历的传说，对中国土生土长的道教也产生了影响，道士降妖捉鬼时的利器便是用的桃木剑，此剑法力无边，妖魔鬼怪无不在它的面前俯首就范。

到五代时，开始用文字代替神荼和郁垒的形象（再往后才出现横额，这大概是虎形象的替代）。

据《宋史·蜀世家》载：孟昶(公元 919—965 年，后蜀国君)命学士为题桃符，以其非工，自命笔题云："新年纳余庆，嘉节号长春。"这就是我国有史记载的最早的一副春联，这副珍贵的对联便诞生于长江流域，可见长江流域的人文精神还是相当丰富的。

到北宋时，民间贴春联已成时尚，而且桃木片被纸张所替代，取材更为方便了，故有王安石的"千门万户曈曈日，总把新桃换旧符"的名诗了。

民间写春联的用纸都是大红色的，取吉祥之意，因为在中国民俗中，红色代表火热奔放、喜庆吉祥，一副副红色的春联便增加了节日的喜庆气氛。而春联的字数一般在三字以上，多则不限，但上下联的字数必须相等，且字意必须相似、相关或相反，对仗工整，而且要讲究声韵的平仄相协。如：

春雨染成千里绿，
东风吹得百花红。

这副春联的字数相等，字意相似，对仗工整，平仄协调，意境高尚，确是一副好春联。

「贴福字」

长江流域的人文思想较浓，写春联、贴春联是过年时必不可少的内容。腊月的最后几天，集市上有人专门替人写春联，收取一点润笔费。通过春联，人们可以表达出自己的意愿，或歌颂美好的生活，或寄托对未来的追求，或针砭时政，等等。

(三)放鞭炮

过年时小孩子的最爱之物莫过于鞭炮了，因而他们的压岁钱多少不等地会落入到卖鞭炮者的腰包，小孩燃放鞭炮时那种又怕又爱的镜头是最为有趣的。每到春节时，大街小巷、白天黑夜都不停地响起鞭炮声，五彩缤纷的火花伴着欢笑声，给人们带来了无穷的乐趣。

放鞭炮庆贺节日，在我国已有数千年的历史了。在关于过年的传说中，人们为了赶走“年”而燃起火堆，火堆烧得噼噼啪啪，若在火堆中烧竹子，竹筒爆破时发出的声音更为响亮，此为“爆竹”。乃鞭炮的前身，其名称也一直沿用至今。

《诗经·小雅》中的“庭燎晰晰”，当较传说要可信和具体一些。另外，据西汉奇人东方朔的《神异经》中说：“西方山中有人焉，长尺余、一足，性不畏人。犯之令人寒热，名曰山魈。以竹着火中，哔哔有声，而山魈惊惮。后人遂象其形，以火药为之。”此书虽解释了爆竹的来历，但因《神异经》本身的著述时间不详，故而难以确证并令人信服。倒是《荆楚岁时记》的记载要明确一些：“正月一日，是三元之日也，鸡鸣而起，先于庭前爆竹，以辟山魈恶鬼。”此山魈可能是指一种蓝脸怪相的大型猴子，现在动物园中有豢养。先人有迷信思想，所以每逢岁末岁首便争相燃放爆竹，以吓退山魈恶鬼。这里也有“闹发”的意思。

「放鞭炮庆贺新春」

相传唐初时，一些地方闹天灾，瘟疫四起。有个叫李田的聪明人，发明出在小竹筒内装上硝，再导以爆炸，其硝烟可以驱散山冈瘴气，从而遏制瘟疫的流行，这就是我国装硝爆竹的雏形，唐代又称这种爆竹为“爆竿”。到宋代，爆竹使用火药，威力增大，为了避免碎竹的杀伤，人们将竹筒改为纸制，娱乐的目的非常明确了。据南宋施宿嘉的《会稽志》载：“除夕爆竹相闻，抑或硫磺制作爆药，声尤震惊，谓之爆仗。”可见南宋时长江流域的鞭炮制造已基本定型了。再经过当地人的不断改进，鞭炮的品种和样式越来越多。湖南浏阳人秉承前代业绩，制作的鞭炮举世闻名，而且给鞭炮起的名字更是富有诗情画意，如万紫千红、仙女散花、白雪红梅、金猴腾空、金菊吐艳、飞雪迎春等。

「火树银花迎新春」

长江流域的人们每到春节初一时，开门就放鞭，图个除旧迎新、吉祥如意的好兆头。鞭炮声此起彼伏，好不热闹，为节日增添了无比的喜气。现在，各中心城市出于环保的考虑而相继禁鞭和限鞭，利在环保和安全，弊在淡化了民族节日的传统特色。不过，放鞭炮既然是民族传统文化的一部分，要彻底地禁断也是不可能的。现在广大农村和小城镇仍保留了春节燃放鞭炮的习俗，这或可说是传统文化的魅力吧。

(四)拜年

中国人特别讲究和在意人际关系的沟通，春节时的拜年就是全民族的公关活动。上至国家领导人，下至基层单位领导，会举行规模不一的团拜活动，或在公开场合向全国人民、向全体员工拜年，或下基层向坚守岗位的工人、农民、战士、医生、员工们拜年，体现了领导人的关怀和关心。

大体来说，全国各地的拜年形式基本相同。但长江流域各地的拜年形式也略有差异，也算是百里不同风、千里不同俗吧。其特色之处在于：上海人一般在初一下午开始外出向亲友拜年，有时仅将名片投入亲友的家门内，就算是亲自到府上拜过年了。这大概也是上海人较早接受西方文化的一种表现。其实，中国古代也有名片类的东西，为木板的“名刺”，拜官、拜师长都用得着。在成都武侯祠的三国文物展品中，就有一长尺许、宽两寸、厚半寸左右的木板，上刻官名和人名，其作用当与名片一样。不过古代的名片均为官绅学士所用，与普通百姓无甚关系。上海人用名片拜会，则属现代意义的公关活动了，也算是一种特色。

杭州曾为都城，因而拜年时的传统特色要浓一些。初一时，士大夫交相贺拜，平民百姓亦鲜衣往来拜节，静巷幽坊动成闹市，虽终年不来往者此时也到府上拜年。其拜节红帖单写姓名，曰某某拜贺，例无称谓。若不亲到而遣人投帖者，谓之“飞帖”。惟新郎拜妻党时用全白帖，上书称谓，被拜贺的亲友亦如其帖酬答。拜年者纷至沓来，而主人自己也要出门拜年，为此，主人在门口留一姓名簿，让拜年者签名留言，此曰留芳，或曰题凤。商家店铺则将姓名簿设于门外，以红笺束葱段、松段压之，取葱茏、松茂之意。南京、苏州等地亦有类似的拜年情况。

安徽安庆人的拜年也有特色，即时间延续较长。自初二起，宗族亲戚开始互相拜年，直到阴历三月底之前，亲友相见者皆以拜年相称，故而当地谚曰：“青草盖牛蹄，正是拜年时，拿刀去割麦，撞见拜年客。”可见拜年的时间延续之久也。

在湖北人的拜年活动中，以拜新年最为重要。所谓“新年”，是指去年有丧事的人家。俗称“新年为大”，即“死人为大”的意思。办“新年”的人家，用白纸（间或有用淡黄纸者）写春联，备办酒席准备待客。亲友中若遇有新年，人们不论其他活着的亲友多么尊贵，也得首先去拜新年。提上香烛纸钱鞭炮，快到府上时徐燃鞭炮，边炸边进门，或等鞭炮响完了再进门。进门后先对丧者遗像叩头、烧纸钱、点香烛，主家子孙亦叩头还礼，然后才述哀思、道保佑。即使亲友间的关系不睦，借拜新年之机，双方可冰释前嫌。

在三峡地区，初一时各家不出门，在家守年一天，初二为女婿向岳父母拜年的时间，俗语曰：“初一拜父母，初二拜丈母。”如果初二不早早到岳父母家拜年，那是极不礼貌的行为，有断绝亲情的可能（有可以理解的特殊之事除外）。到初三，家人才可随意出入大门，亲友邻里间也就开始拜年，说一些新年吉利的话。现在随着生活节奏的加快，这些规矩起码在城市中是难以保持了，过年的几天中人们随时可出门拜年。另外，小孩子最喜欢拜年了，俗话说：“恭喜发财，元宝拿来”，小孩子不管到哪家拜年，总会有吃的、有玩的，且不会空手而归，如此则何乐而不为呢。

拜年习俗是中华民族的传统美德，从古到今，一直保留。在信息社会的今天，人们拜年所采取的方式更为快捷、简便。除夕钟声敲响后，有的人就通过电话、手机短信、电子信箱互相祝贺、问候。

(五)饮食

中国人对饮食的研究可谓达到了登峰造极的地步，而长江流域是畜牧业与农业、工业共存发展的地区，其饮食业的丰富多彩也就不足为奇了。川味可说是中国的第一大菜系，尤其是春节处于秋收春播之间最空闲的日子里，人们更有时间、条件和理由准备丰盛的食物。这种饮食文化也反映了长江流域人民的智慧和才能。出于篇目所限，本书只能作点缀记述。

「食文化」

在过年的酒席上，是绝对少不了全鱼的，意在“年年有鱼（余）”，寄寓着兴旺发达的心愿。以前不管家中多穷，全鱼一定要上席，若实在无钱买鱼（自己又无法捕捞到），则用木头雕成鱼形摆上桌，此为“看鱼”。若家中仅有一条鱼过年，则这条鱼也为“看鱼”，家人和客人都是不能动筷子的，否则主人无鱼过年，弄得主客双方都极为难堪。所以，带小孩去做客时，家长一定要告诫孩子千万不能动“看鱼”。此鱼一直要“看”到年过完的元宵节时才吃。一直到今天，虽然鱼不稀罕了，但主人若不先动鱼，或不声明“这不是看鱼”，客人一般也是不动筷子的。这是习俗使然。

「年画“年年有鱼”」

在贵州，鸡鸭鱼摆上席面时，其头必须朝向最尊贵的客人，此头就归尊贵者享用了。若是不喜欢吃鸡鸭鱼头的人，也可以将此物转赠他人享用，过年时当更是如此。贵州人在过年时，做的酸菜鱼极有特色，叫人食欲大开。

四川的火锅有名，春节时除大酒店外，一般的火锅摊子都收起过年去了，人们便在家中煮火锅，几乎各种菜肴都可以下到辣锅中，一口白酒一口辣菜，吃得人浑身冒汗，简直爽透了。从长江上游到鄂西一带，当地人喜欢做熏肉吃，将腌好的肉放到柴烟上熏，熏过的肉不易腐败，也别具一股香味，这也是春节时必上的菜。

湖北仙桃(旧称沔阳)地方的三蒸是过年的必备之菜。所谓“三蒸”，是蒸鱼、蒸肉、蒸藕。将肉切成长条，鱼切成块，藕切成方块，拌以米粉和调味品，放到垫着荷叶的小蒸笼中蒸熟，端出就可食用了，味道鲜美，带有清香。

武昌的鳊鱼（团头鲂）、江浙一带的鲈鱼、大黄鱼都是肉味腴美、脂肪丰富的上等食用鱼，为当地人民所喜好，春节时少不了以此待客。其他如各种肉类、海鲜类、豆制品、蔬菜类、小吃类都不胜枚举，各有特色，极大地丰富了春节时的生活。

至于过年时的饮料，酒是绝不可少的。青藏高原的青稞酒、马奶酒，西南地区的茅台酒、五粮液、剑南春、郎酒，湖北的白云边、黄鹤楼酒，安徽的古井贡酒、明太祖经筵酒，绍兴的黄酒，等等，都是中国的名酒。在少数民族地区则有自酿的米酒、薯酒、果酒等。至于啤酒、甜酒、洋酒，也会出现在人们的酒席上。“无酒不成席”的说法，反映了人们对酒的重视程度。重庆市的乡村在春节时拜年者往来于道，主人往往置酒食殷勤款待，名曰“纳财”。客人每至必留，多留必醉，惯以成风，不相笑讶，其酒多为自酿的春酒，由此可见节日与酒的关系。节文化与酒文化实可合二为一。

(六)娱乐

过年期间的主妇要操持酒席，男主人要拜年并陪人喝酒，其他人除了陪客、做客外便处于休闲状态。既然有时间，而且有多少不等的过年费在口袋里，不娱乐一下似乎说不过去。那么过春节时有什么娱乐性的节目呢？

看戏。中国是个戏曲大国，仅长江流域的地方剧种大概就有一百多个，如影响较大的有川剧、楚剧、汉剧、花鼓戏、黄梅戏、绍剧、锡剧、越剧等，其他如摆龙门阵、大鼓、评弹等艺术表现形式更是举不胜举。以前过年时，戏剧艺人都在广场、官衙、茶楼、酒馆等场所搭台演戏，既娱乐了群众，又有所收获。男女老幼都乘节日之闲一饱眼福、耳福。

「过新年看大戏」

看电影。随着电影业的出现，迷恋戏曲的观众大为减少。借春节休息之时看电影成为一种新时尚，尤其是对那些处于热恋或暗恋中的少男少女们，看电影更是一种谈情说爱、借题发挥的好去处。电影院为了追求经济效益和满足观众的要求，也不失时机地推出了通宵连场电影和提供包厢雅座等条件，以吸引青年观众。而贺岁片的适时推出，更丰富了人们的节日生活。

看百戏（表演）。百戏是古代各种娱乐性表演形式的总称，也包括戏剧在内，但其中以感染力较强烈的歌舞杂技等较为突出。百戏的名称出现甚早，门类众多，但其中的一些主要表现形式直到今天仍拥有大量的观众。春节时的庙会可说是百戏杂陈的大好时机，人们在逛庙会购物的同时，自然会驻足观赏歌舞、杂技、耍猴把戏、相声等表演。上海的豫园庙会更是闻名全国，只是现在的豫园经商者多，表演者少，令人多少有点遗憾。

「春节庙会」

打牌。有扑克、花牌、骨牌诸种。扑克有争上游、升级、拖拉机、关三家、斗地主、捉黑桃5等多种玩法，长江各地的人们兴趣爱好不一，玩法也各样。既可以纯粹娱兴，也可以带点“彩头”。花牌为“上大人”配对的纸牌，老年人打得较多，在四川的茶馆酒楼中也可见到中青年玩此牌。骨牌乃骰子的变种，有三牌六面，后又变为推牌九，乃赌博之具。现在城乡的少数人有推牌九者，辛苦一年的血汗钱也许三两把就进了别人的口袋，为明令禁止的游戏。

打麻将。据说麻将发明于江浙，南宋时就有人写出了《马吊经》（马吊乃麻将的前身），取水浒中108将之名色为戏，如一万是浪子燕青、二万是小李广花荣、三万是大刀关胜、四万是小旋风柴进、五万是混江龙李俊、六万是九纹龙史进、七万是霹雳火秦明、八万是急先锋索超、九万是插翅虎雷横，后来又添进了东南西北中发白的风，演变成了今天的麻将和各种玩法。此游戏集高雅与低级于一身，因人而异，故胡适曾戏说：除了玩麻将才可忘记做学问，除了做学问才可忘记打麻将。也有人戏说：在国外只要听到麻将声，就可找到中国人。其实，麻将乃一数字游戏，108张牌的数字包容了相当多的中国传统文化的东西，只要玩法得道，也不失高雅。但若不计财力地玩赌博游戏，则入旁门左道了。

「舞龙表演」

其他如下象棋、打球、跳舞、看电视、旅游、荡秋千、逛公园、舞狮、舞龙等多种娱乐活动，则全国各地大体若是，勿需赘言。总之，春节时的娱乐活动多种多样，也反映了人们的精神面貌。

中国人重视春节，从初一到十五都属于过年的时间范畴。这段时间主要以吃和玩的休息养身为主，其吃法和玩法都是丰富多彩的，较集中地体现了中国传统文化的内容和长江流域的文化特色。

元宵节

火树银花合，星桥铁锁开。
暗尘随马去，明月逐人来。
游妓皆秾李，行歌尽落梅。
金吾不禁夜，玉漏莫相催。

这首诗就是唐代诗人苏味道所写的《正月十五夜》，道出了京城长安的元宵夜景，堪称描写元宵节的一首绝唱之诗。

农历正月十五为我国传统的元宵节，又叫上元节、灯节。元宵节起源于西汉，据说是周勃、陈平等在正月十五日夜平定诸吕之乱后，拥立汉文帝即位。开创“文景之治”大好局面的汉文帝是个好皇帝，他每到正月十五之夜都微服出宫，与民同乐，以示纪念和不忘本。古汉语的“夜”为“宵”，“正月”为“元月”，因而汉文帝就将正月十五之夜定为元宵节，普天同庆，成为一个传统的节日。

元宵节又称上元节，这便与我国土生土长的道教有所关系了。道教诞生于东汉，由张道陵天师所创，他将正月十五日定为道教三元大帝中上元赐福天官紫微大帝的生日，恰与元宵节的日子相同，故称上元节。由此可见张天师用心良苦，上元的生日与元宵节不谋而合正好可以提高道教的影响力。

关于元宵节的来历，还有一个美丽的传说。

相传汉武帝时的近臣东方朔足智多谋，滑稽风趣，深得汉武帝的喜爱和信任。他的心肠又好，常帮人解困脱难。有一年腊月下雪后，东方朔去御园摘梅花，刚踏进花园便见到一宫女正泪流满面地要投御井，他忙上前拦救。经询问，这个宫女叫元宵，家住长安西北山上，家中有父母和一个小妹。元宵自选进宫后，常思念亲人。现在年关又快到了，大雪纷飞，不知家中如何，情急之下，便欲投井。东方朔劝解一番后，答应想办法让元宵团圆。

「东方朔」

第二天，东方朔出城到了元宵家，

讲了元宵的情况和自己的安排，然后返回到长安街头卖卦。市民早知东方朔的大名，见其卖卦，顿时排起长队问祸福。见得到的卦条签语都是“正月十六火焚身”，人们惊恐不安，求东方朔出解脱之法。东方朔神秘地说：“正月十三的下午，城里的老人都到城西北的十里铺大道口去等待，会见到一位骑粉色银驴的红衣姑娘，她就是奉旨烧长安的火神君。只要老人们跪地哭求，全城就可得救。”

到了那一天，串联好的老人们都去等着。黄昏时果然来了位骑驴的红衣姑娘，父老们拦住姑娘苦苦哀求。姑娘的心软了，便说：“我是奉旨办事，火烧长安时玉皇大帝还要在南天门观看，若是无火就要办我的罪。你们既然怕火，你们就拿着我的偈语找人王想办法吧。”说完，扔出一张偈语便转身走了。

老人们赶紧将此事报告了汉武帝，武帝一见偈语：“长安在劫，火焚帝阙，十六天火，焰红宵夜”，吓得连忙找东方朔设法解脱。东方朔思考一番后说：“下令全城百姓一起做灯，十六的晚上全城点灯放鞭炮，就像着火一样，必能唬住玉皇大帝。大开城门，让城外的百姓进来观灯，让宫中之人也出宫，杂在百姓中观灯，万一有个闪失也不致伤人太多。听说火神君爱吃汤圆，让全城人在十六夜都做汤圆供奉。我和元宵带着亲手做的汤圆穿街走巷地敬奉云游长安的火神君，让她吃了嘴软，拿了手软，如此当可逃过一劫。”武帝听后下令依计行事。

正月十六夜，长安城张灯结彩，观灯的人络绎不绝，汉武帝和宫中之人都微服出宫观灯，全城热闹非凡。元宵的亲人也来观灯，当他们见到写有“元宵”二字的大红宫灯时，立即迎上前去，一家人团圆，那份高兴劲就别提了。

闹了一夜灯火，长安城安然无事，汉武帝大喜。第二年，他下令照样在正月十五做汤圆供奉火神君，十六的晚上照样全城挂灯放焰火。年年如此，相沿成习。因十五上供的汤圆是元宵亲手做的，人们就把汤圆叫元宵，把这一天称“元宵节”。这就是现在的十五过元宵、十六闹花灯的由来。

在强盛的汉王朝统治下，闹花灯过元宵的习俗逐渐影响到中原各地。长江流域在南朝时，张灯过元宵已蔚然成风，南朝的梁简文帝曾雅兴大发，

「闹花灯」

写了篇《列灯赋》，赞叹元宵张灯的情景：有油灯，有漆灯，或燃香，或燃蜡，灯月交辉，倒映水中，人们以观灯为乐。唐宋时，元宵放灯的活动盛况空前，而杭州作为南宋的都城，其元宵节的热闹程度就可想而知了，这对长江下游的元宵节也必然会产生重要的历史影响。

据《临安县志》载，元宵张灯，宋初止三夜，钱王归宋后添成五夜，而十五夜为最盛。各家截竹高竖，联两尾悬灯，饮酒鼓乐其下。或用硝矿构烟火架，或作花筒斗胜，谓之“灯节”。是夜，打更者不敢呵；是月，官不敢问粮。确有一番官民同乐的景象。上文已介绍过杭州的灯，杭州的焰火其实也颇有特色。用焰硝、铁屑杂制彩筒，点放时作兰蕙、梅菊、木樨、水仙之状，闪烁如生，曰“花筒”。纸筒中放火药，点火则升数十丈高，曰“寒月明”。还有作金花坠地者，曰“滴滴金”。此外，九龙取水、二龙戏珠、白鹤生蛋、老鹳弹霞等，皆流星名，统曰“流星”。施放焰火、流星时，万人仰观，更增添了灯节的热闹。

南京，曾为古之金陵都城，其元宵节自然也是别具一格。据《金陵岁时记》等书记载，南京以正月八日、十三日、十五日的灯节最为隆重，凡寺宇庵庙皆上灯，白衣庵更是冠绝一郡，因而妇人乘时进香祈嗣，香车如堵，游人如织。好事者组织“龙灯会”，耍龙灯游街。继之以高跷会，涂脂抹粉人物，往来如飞踩高跷。各商会届时出灯助兴，他们财力充足，做的灯也格外高级，其灯中有纸扎戏台，安置戏中人物，设机缓转，人物次第亮相，最称特色。南京的灯市以笪

「南京夫子庙灯会」

桥、评事街、夫子庙等处最为有名。笪桥灯市皆剪纸为主，有火树银花之观。评事街一带为彩帛灯，五光十色，冠绝一时。南京之灯，有三星、八仙、聚宝盆、皮球、西瓜、草虫、金鱼之类，楼船则以碎玻璃条为之，绢制的花鸟虫鱼之灯惟妙惟肖，壁灯中有各种人物，其中走马灯最灵巧。

游人看热闹时，文人雅士边玩边射灯谜，以助游兴。乘着游人多，小商贩们将玉米花染红，点插在棘刺上，当做梅枝卖，或吹糖石榴再点缀其上，游人必携一枝而归，以示纪念。因为元宵节一过，大家都要各奔前程了，正如谚云："过了正月半，大家寻事干。"该享受的都享受了，就该讲究奉献了。

长江流域过元宵节时，吃元宵的风俗基本相同，至于包什么馅则根据各地方的口味去选择了，但多为甜馅。而张灯的方式则有所不同，如江西人在元宵夜送墓灯，给祖宗照明，让祖宗也享受人间的元宵之光。门、路、井、灶旁皆设烛，让各路神圣都享受灯火，保佑人家。乡间多崇敬板灯，这种灯设龙头龙尾，贯以板，板上置数个灯笼，板板相连，长者数十板连成一条灯龙。农人则站在远处观验灯色以占卜：黄色为丰年，白色主大水，赤色主大旱。占路烛也是这样，路烛者，沿村外田路插烛，或远数里，光如聚星以祈年。按当地风俗，元宵夜可以夜窃菜园，再送到主人家报喜；少妇在夜静时去偷邻居的菜，用衣襟裹归，名"摸青"，以上皆祝主人生子，故人不为怪，主人反倒乐开怀。

「元宵」

在湖南湘潭地区，元宵节祀太一神，食浮圆子。到晚上，六街三市竞赛花灯及花爆、烟火、诸杂剧。故唐代的政治家褚遂良写《潭州偶题》云："踏遍九衢灯火夜，归来月挂海棠前。"唐时已如此，其后更热闹。各家在元宵节时，都剪纸为灯，悬之庭户。

在四川宜宾地区，初九谓之"上九"，说是玉皇大帝的生日。从这天起，市民便开始搭彩棚，点玉皇灯，直至十六日止，皆为灯节。城乡寺观的灯竿高有数丈，以绳引灯，累累如贯珠。点36盏者为"满树灯"，点9

盏者为“九皇灯”，点3盏者为“三官灯”，火树银花，其来已久。至元宵节时，各色花灯极盛，城乡一起“闹元宵”。凡游街的龙灯所过处，主人争放纸炮，或烧花筒，或熏黄烟，一时光焰陆离，人声沸腾，忘记自身在何处。最引人入胜的是花灯，昔称“车车灯”。人站在车上，以男扮女，涂脂抹粉，嫣然女相；另有人扮小丑，左执汗巾，右拿蒲扇，在车上调戏扮女者。二人眉目传情，言词挑逗，对唱《采茶歌》，众人在旁和之，金鼓为节，彻夜乃息。又于市集人多之处燃放烟火，幻出各色人物、花草，一景将尽，复现一景，灿烂可观。晚上，各家煮吃元宵。男子则到外面窃别家青菜煮吃，谓之“偷青”；或窃取别家檐灯以送亲友，谓可生子，曰“送红灯”。老师宿儒则在元宵夜聚于庙猜谜，以中奖为乐，谓之“打灯谜”。

贵州遵义地区在元宵闹灯时，若未出门欢闹，还可在家中玩“请茅娘”的游戏：用两根五六寸长的小木枝相对插立，上面横架一木枝。取两根茅草，两头皆曲，上曲如钩，悬挂于木枝上，下曲如人足。然后，用鸡毛拂橡叶，叶触茅足，同时口中祝曰：“正月正，特请茅娘来看灯。无娘单足来，有娘双足登。”其两足如所祝，触之而动。举蹈不已，枝柱亦动，众人欢娱。

在长江源头的青海地区，塔尔寺的灯节从初一到十五都是光辉灿烂。在民间，人们在元宵夜放“冒火”，也有深刻的文化内容。届时，家家门口的巷道上都堆放着许多小麦草堆，户户的草堆相连延伸，长达数百步。老年人在麦草堆上撒上干柏树叶子，孩子们往草堆上撒上青盐。当月亮升到半空时，便点燃草堆，火焰顿起，俗称放“冒火”。这时，长长的草堆如同火龙在飞舞，燃烧的柏树叶子散发出阵阵清香，青盐被烧得像放鞭炮似的响个不停。人们按辈分和年龄排成行，一个跟一个地在草堆火焰上跳来跳去，据说如此就可以烧尽一切灾星祸苗，保佑人们一年里平安吉祥。（这大概与中原之人送葬后，须跨

「青海塔尔寺」

过火堆才可回家的思想内涵差不多，说明长江上下游的思想文化有相通之处。)

塔尔寺是中国西北地区藏传佛教的活动中心，在中国及东南亚享有盛名，历代中央政府都十分推崇塔尔寺的宗教地位。塔尔寺的酥油花、壁画和堆绣被誉为“艺术三绝”。每年举行的佛事活动“四大法会”，更是热闹非凡。

二月二

农谚云：“二月二，龙抬头”，是指农历二月二日为龙苏醒的节日，故称这天为春龙节或青龙节。

龙，是中国人的崇拜物，或者说是上古部落的图腾物，积淀至今，华夏子孙仍自称是“龙的传人”。时至今日，人们对龙大多有了正确的认识，不再包含迷信的色彩了，对龙的崇敬主要是出于一种共同的民族心理，成为一种民族的凝聚力、向心力的象征。

古代的人们难以用科学的眼光去看待龙，他们视龙为活生生的崇拜对象，顶礼膜拜。其因在于，我国是一个古老的农业国，天气的阴晴旱涝直接影响和决定着农作物的生长，而收成的好坏又直接影响到人们的命运，个体农业在大自然的面前显得十分的脆弱。因此，人们祈求着风调雨顺和五谷丰登，进而对传说中掌握着驾云布雨大权的龙十分崇拜，祈求龙广施恩泽，让百姓过上好日子。于是，人们将二月二定为龙的节日。

「二月二龙抬头 民俗文化节」

那么，先人们为何不迟不早地定个二月二呢？因为此时正值惊蛰、春分时节，大地逐渐转暖，蛰伏一冬的龙该在这天抬头活动了。龙苏醒以后的雨水就会多起来。人们在这天敲锣打鼓地庆祝，免得龙睡过了头而影响人们的春耕。当然，这只是从民俗的角度推论而已。

据《新唐书·李泌传》载："帝（德宗）以'前世上巳、九日，皆大宴集，而寒食多与上巳同时，欲从二月名节，自我为古，若何而可？'泌曰：'废正月晦，以二月朔为中和节，因赐大臣戚里尺，谓之裁度。民间以青囊盛百谷瓜果种相问遗，号为献生子。里闾酿宜春酒，以祭勾芒神，祈丰年。百官进农书，以示务本。'帝悦，乃著令，与上巳、九日为三令节，中外皆赐缗钱燕会。"这段话的意思是说，皇帝见二月份无节，没有名目聚宴，便打算自他开始，在二月巧立一节。李泌仰承帝意，建议将正月初九、二月一、三月三合称为三令节，分别庆贺。二月一作为中和节，名义上是进农书、重农业、祈丰年。

自唐德宗起，就有了二月初一的中农节。但皇帝的提倡还得要老百姓响应才行，尤其是得符合国情。唐以后，中和节便不再受重视。到清中叶时，中和节已被人们所淡忘，废而不举。但好在二月初二为土地公公的诞辰，农民是离不开土地公公的，于是，中和节、土地公诞辰、春龙节就混为一团了，反正都是与农事相关，绑在一起还热闹些，也免得多费工夫。

关于二月二的来历，老百姓则有自己的解释。

传说武则天当皇帝后，玉帝大怒，下令三年不下雨。这下可苦了百姓，滴雨不下，庄稼枯死，连人畜的饮水都成了问题。百姓遭灾，哭得死去活来。有一天，突然下了场倾盆大雨，解救了天下百姓。原来，这是司管天河的玉龙下的雨。玉龙就是跟着唐僧西天取经的白马，这些时看着人间遭灾，便不顾后果地为凡间下了场透雨。玉帝得知后龙颜大怒，马上将玉龙打下凡间，压在一座山下受罪。还在山上立块碑，上写道：

玉龙降雨犯天规，当受人间千秋罪。
要想重登天霄阁，除非金豆开花时。

人们这才知道了事情的原委，十分感激玉龙，盼望玉龙早日脱困，重上云天，再降甘霖。为了拯救玉龙，人们到处找会开花的金豆，但怎么找也找不着。第二年的二月初一，正是赶集的时候，一个老婆婆背袋苞谷去卖，一不小心，袋口松开了，金黄金黄的苞谷粒撒了一地。众人一见，心头发亮，心想：这苞谷粒不就是金豆吗？炒一炒不就开花了吗？消息顿时传开，大家都约定明天一起炒苞谷。

二月初二，各家各户都把炒好的苞谷用簸箕盛着，供在院子里，有的还端着送到玉龙身边。玉龙见了十分感动，忍不住大声喊道："太白老头，金豆开花了，还不快快放我出去。"太白金星不知是同情玉龙还是人老眼花，一招手便收了他的拂尘，镇压玉龙的那座大山原来就是他的拂尘变的。玉龙一自由，飞身上天，对着干得冒烟的大地又布了一回透雨。

玉皇大帝本来在灵霄殿欣赏仙女的歌舞，值日功曹进来报告说，玉龙又违旨降雨了。玉帝气得急唤太白金星责问。太白金星这时已知把事情办砸了，辩解说："不是说金豆开花就放它吗？今早我看见凡间的金豆都开花了才收回拂尘的。"玉帝叱责道："金豆能开花吗？那明明是苞谷花。"太白金星见玉帝发火，便站在那儿一声不吭。待玉帝的火气小些，他才试探地说："我想天上的香烟都靠老百姓供奉，要是真把他们都饿死了，我们以后怎么办？"玉帝一想也有道理，无可奈何之下只得又将玉龙召回天庭。

玉龙虽然没事了，但老百姓是不忘恩的，所以每年的二月二那天，大家一早起来就炒苞谷花，有的还一边炒一边唱："二月二，龙抬头，大仓满，小仓流。"就这样二月二炒苞谷花、过春龙节的习俗一直流传至今。

「踏青」

这则传说固然是不真实的，但它却反映百姓的善良愿望。那么，长江流域的人们在二月二有何活动呢？四川各地将二月二作为"踏青节"，开春酿酒，招亲友宴饮，互相酬答，谓之"春酒"。或认为是城隍诞辰，扮诸鬼卒，舁神游街，鼓乐喧闹。两湖之人也把二月二作为土地公的诞辰而庆宴。江西有的地方以二月二为社期。各村具牲酒以礼土谷之神，宣传乡规民约，借神惠以饮酒。或干脆此日无活动。安徽有“二月二，龙抬头”的说法，阜阳地区在此日取灰围仓囤于院中以兆谷登，如风不吹而灰飞即为瑞应。

江苏人以二月二为新嫁娘归宁的日子，有女出嫁者约在这天接女归宁，俗谓“二月二，龙抬头，家家接女诉冤仇”，实在有趣。浙江地区以二月初一为中和节，旧有挑菜之会。后以二月初二替代，这天戴蓬草、和米粉煎为饼以应节物。看来，长江流域雨水充沛，故对二月二的节庆不若北方之重视。

花朝

春到花朝碧染丛，枝梢剪彩袅东风。
蒸霞五色飞晴坞，画阁开尊助赏红。

这是清朝张春华写的一首《沪城岁时衢歌咏花朝》，描写了上海的花朝节情景。

花朝，又称花节、挑菜节、扑蝶会，也称花卉生日或百草生日。其时间因地而异，有农历二月初二、二月十二、二月十五、二月二十二这几个日子。如《梦粱录》载：“仲春十五日为花朝节，渐闻风俗，为春序正中、百花争放之时，最堪赏游。”

上海人以二月十二为花朝，凡卉木俱系彩以旌之，以祝繁盛。市人俗呼的“凉伞灯”，其灯剪纸为伞，镂刻人物、花鸟，细于茧丝。出灯时用十番锣鼓，又有纸扎花枝、花篮，去细腰鼓，扮采茶女，杂沓而歌；后装台阁，小儿彩服乘坐。不便出门的闺中女郎则剪五色彩缯粘花枝上，谓之“赏红”。各家食年糕，食后可以免腰疼，谓之“撑腰糕”。

浙江湖州以二月二为花朝，人们在花卉生日这一天，在每个花盆中插上一杆三角小彩旗，以表达祝贺花卉生日的意愿。当地人认为此日下种、移栽、嫁接花卉，存活率最高，故养花者纷纷在此忙活。少男少女们则在这一天食用露天米饭，即先将饭菜混合，一起煮熟后食用。农家还要从野地里挖回一些绵绒头草(学名佛耳草)，拌入米粉中，做成圆子，祭供于灶台，以祈神佑。人们还祈祷此日无雨，否则，有雨就连下12天，于百花无益，于农事有碍。

「花朝节祭拜花神」

湖南旧俗，在花朝日，民间男女满岁后蓄顶发，十来岁的少男少女蓄鬓发，还在是日穿幼女耳。

花上花哟花上花，
山川平坝开满花。
红花绿花金银花，
笑迎四季春。

这是云南大理人在一年一度的朝花节所唱的歌。在每年农历二月十四日，早起的人们将大街小巷打扫得干干净净，然后各户把自家的盆栽花卉摆到大门口，各种花卉户户相连，连成了条条花街，形成了座座花山。花巷花山，错落有致，整座城市成了花的海洋。这天，远近各村寨的青年们都身穿节日盛装，赶到大理城赏花觅知音。姑娘小伙们三五成群，兴致勃勃地穿行于花间，与整个花街融为一体，构成了“人在花间游，花在人中笑。二者相媲美，难分谁更俏”的动人画面。年轻人借朝花节之机寻找意中人，他们在一起对歌跳舞，借花喻人，寻找佳偶。

世代居住大理的白族素有爱花的优良传统，享有“家家流水，户户养花”的美誉。他们举办朝花节，传说是为了求得来年风调雨顺，能够适时播种和收获。如果朝花节期间恰遇风雨天，人们反倒格外的高兴，觉得花山有灵。热情的人们会迎风起舞，冒雨欢歌，反映出白族人民健康的生活面貌。如果谁有机会去大理，朝花节可千万别错过。

三月三

“三月三，抽毛毡”，孩提时的歌谣和玩耍情景至今仍未忘怀。那时，每到农历三月初三前后时，几个孩子一起出去玩，在路旁埂边，边唱童谣边找茅草，找到茅草就将草芯拔出，剥出中间的白绒绒，在小手中团成团，轻按成饼，放入口中嚼，有一种清凉的甜味。

> 农历三月三在古时称为“上巳节”，这是我国民间的传统节日。上巳节大概起源于周朝，《论语》中就曾谈到过这个节日。

《后汉书·礼仪志》介绍说：“三月上巳，官民皆挈于东流水上，日洗濯祓除，去宿垢疢，为大挈。”是说上巳节时，大家都到江水边洗掉身上的污垢，消灾除邪，古语称之为“祓禊”。但是，农历三月上旬的巳日每年都是不同的，所以到魏晋时便以固定的三月初三来代替上旬巳日。据《法书要录》记载：“穆帝永和九年（公元353年）三月三，王羲之与太常孙统等四十有一人，会于会稽上阴之兰亭，修禊事，酒酣赋诗制（兰亭）序，用蚕茧纸，鼠须笔写字，有重者皆构别体。”可见这时在三月三过上巳节已成定规。又据《梦粱录》载：“三月三上巳之辰，曲水流觞故事，起于晋时。唐朝赐宴曲江，倾都禊饮踏青，亦是此意。”说明带有迷信色彩的上巳“祓禊”，到唐时已只剩下饮酒踏青的内容了。

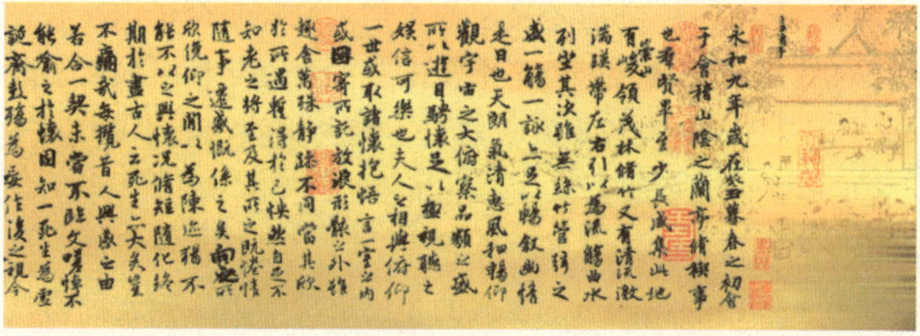

「兰亭序(局部)」

从上巳节到三月三，从祓禊到踏青，节日内容的变化实际上反映了中国人民的进步历程。因为上古先民是不懂得什么叫洗澡的，正如谁见过灵长类动物自己洗澡呢？要知道，洗澡与到湖、塘里打滚纳凉是含义不同的两码事。听说至今北方的个别地方仍是一生三洗：出生洗一回，结婚洗一回，死后洗一回，看来是保留了些许古风。到周朝时，起码华夏族的统治阶层懂得洗澡的好处了，这就是祓禊的实质性内容。《论语》中的“暮春者，春服既成，冠者五六人，童子六七人，浴乎沂，风乎舞雩，咏而归”，证明士人已知浴乎于沂水。但这时的洗浴还不是经常性的，所以，具有迷信色彩的上巳节就成为了固定的洗浴日子，这对人的健康当然有好处。待到唐朝时，洗浴已成为统治阶层的一种享受，白居易《长恨歌》中的“春寒赐浴华清池，温泉水滑洗凝脂”就是明证。老百姓虽无福消受温泉，但自然也会受些影响。因此，三月三的洗澡内容便不那么重要了，代之以踏青。而三月三的时间和节日内容与清明节如此的相近、相似，因此，三月三在现今的汉族群众中可说已不称其为节日了，仅只保留了某些痕迹而已。如在三月三的日子，扯一把或买一把地菜花，在家煮几个鸡蛋吃，开开心罢了。

「华清池」

但在四川温江地区的武阳一带，人们将农历三月初三定为三婆娘娘的生日。家有三岁以下小孩的人家，多会祭拜三婆娘娘。是日，备香烛、纸钱、杀鸡、割肉祭拜。同一天，还有抢童子的习俗。城隍庙台子坝在做过法事后，将祭过神的木雕童子从台上丢下来，围观的青壮年顿时如海水般翻腾，激烈争抢。抢到后，晚间备齐鼓吹之具，由一男童抱着木雕童子，骑马送与事先约定的有钱而无子的人家，主人办酒席以作酬答。

在长江流域的少数民族中，三月三仍然是作为一个节日来对待的，如畲族三月三的乌饭节、侗族的花炮节、瑶族的干巴节等。浙江丽水的畲族群众过去几乎一年四季都祭祖，尤以农历三月三的祭祖活动最为重要，称为乌饭节或谷米节。据传，畲族始祖盘瓠爱吃“乌饭”，而三月三正是盘瓠遇难的日子，所以在这天以乌饭祭祖。又传初唐时期苗族首领雷万兴等起兵反抗封建统治者，坚持了40余年的斗争。有一年冬天，他们被唐军围困在山上，内无粮草，外无援兵，他们便采摘名叫“乌稔”的野果充饥，熬过饥饿与严寒，于翌年三月三日冲出重围，杀退官军，获得了胜利。后来畲族人民就把农历三月初三作为本民族的传统节日。每到这天，各家采集乌稔叶同糯米蒸煮成乌饭祭祀祖先，然后一同品尝，对歌欢乐，以示纪念。现今，乌饭节成了以踏青、对歌为主要内容的民族节日活动。

「畲族美食——乌饭」

「乌饭节」

端午节

在中国人的心目中，农历五月初五的端午节是个极其重要的传统节日，与春节、中秋节合称为三大节。端午节在历史上有许多名称，曾先后被称为端午节、端阳节、重五节、重午节、天中节、天长节等。

农历以地支纪月，正月为寅，二月为卯，三月为辰，四月为巳，五月为午，余下类推。端为开端、开初、初的意思。五日属上旬，在“端”的范畴内，因而将五月五日合称端午。

如果从现代汉语的角度理解，将端午节称为“重五节”恐怕是最合适的了。端午的名称至迟在晋代已出现于史籍中了，晋人周处《风土记》载：“仲夏端午，烹鹜角黍。”到唐代时，因唐玄宗是八月五日生的，宰相宋璟为君者讳，将“端五”改为“端午”，从此便流行下来。

关于端午节的来历，古代有几种说法，荆湘一带说是纪念屈原，山西

「屈原」

一带说是纪念介子推，吴楚之地说是纪念伍子胥，越地说是纪念曹娥，道教弟子说是祭“地腊”的风俗，这些说法都有地域的局限性。因为端午节一般都有龙舟竞渡，而龙舟竞渡的历史较之屈原、介之推、伍子胥、曹娥、道教要早得多。在上古时代的信仰中，龙是沟通天地间的使者，是神的坐骑，传说中的黄帝、颛顼、帝喾皆乘龙。龙舟便是比照传说中的龙而设计的，准确地说应该是从原始的独木舟发展而来的，屈原自己在《九歌·东君》中就唱道：“驾龙舟兮乘雷，载云旗兮委蛇。”而龙舟的发明权，当属南方的百越民族（吴越为其中的一支）。

另据闻一多先生的研究，端午节本为古代南方以龙为图腾物的吴越民族举行图腾祭的节日，距今至少有四五千年的历史。由于南方多水，吴越民族不断遭受水灾和瘟疫蛇害，为了生存，他们崇拜龙，将龙作为本民族的图腾。为了证明自己的“龙子”身份，便形成“断发文身，以避蛟龙”的风俗。在农历五月初五，他们要举行盛大的图腾祭，将各种食物装在竹筒中，或裹在树叶里，一边投进水里献与图腾神吃，一边自己吃，表示神与龙是一家人，吃同样的食物。同时，还在水面上划龙舟竞渡，以游戏的方式娱神、媚神，希冀由此获得图腾神的青睐，让神保佑龙子龙孙们岁岁平安。由此，便形成了最初的端午节。

吴越风俗变成全国性的节日，应源于古人避邪消灾的原始巫术或宗教观念。“五”(午)是天干中居于中间的数字，因而被古人认为具有极盛的意思；盛极而衰，因而它又包含着不祥的因素。

古人认为五月是“恶月”，到汉代时还有“不举五月子”的风俗记载。五月五日为盛之又盛，更为不祥，简直是个“灾日”，因而旧俗在这一天要将未满周岁的婴儿带到外婆家躲藏，称为“躲午”，这显然具有躲避灾难的含义。后来过端午节时的一系列活动，如洗艾水澡、悬艾、缠五色丝、饮雄黄酒等，都是为了驱邪消灾，当为原始巫术中驱邪仪式的痕迹。至于龙舟竞渡，则是祭神娱神、祈获保佑的一种形式。随着时代的进步，人们的巫术观念日益减弱，加上战国时代以后忠君思想逐渐占据思想的统治地位，人们对忠臣孝子的崇敬之心日增，因而附会到屈原身上的端午节逐渐被人们所接受，端午节成了纪念屈原的节日，而端午节的原始含义则反而淡忘了。

端午节起源于长江流域，屈原也诞生于此，不管怎么说，这都是值得骄傲的。因而端午节的庆祝活动较别的地方也更为隆重些，当然，庆祝内容也无非是赛龙舟、吃粽子、悬艾、饮雄黄酒等。不过各地的庆祝内容还是有一定的差异性，呈现各自的特色。

贵州人在端午节用箬叶裹糯米为粽，煮蒸熟吃，门口悬艾及菖蒲，雄黄拌酒，又渍蒲、蒜而饮之。将雄黄酒涂于小儿的面鼻处，认为可以避蚊、避疫。用糯米磨粉，和肉蒸鲊食之，相传以此祀屈原，投之于水，免鱼龙争食屈原尸体。妇女剪彩纸为猢狲形，做成佩件挂在儿童身上。下午郊游，称之“游百病”；并采取草药，回家煎水洗浴，可祛各种疫病。

云南人在端午节的前几天，市铺便用丝绸制作成猢狲、香囊、香枕，用麦秆制成五角鞭角出售。端午节时，剪艾为虎，取蒲做剑，悬挂于门口，可以避邪。小儿皆系五色彩缕于臂，名曰“长命缕”，并佩戴香囊等物镇邪。饮雄黄酒，食粽子、水果等。街市上排列各种花木，任人选购。盘龙江上则龙舟竞渡，箫鼓相助。

四川人在端午节时，食有粽子、盐蛋，饮有菖蒲、雄黄、大蒜配制的酒，并用此酒洒遍房屋，以为可以避蛇虫。悬艾、蒲于门。剪彩为五毒虫形，缀于小儿衣上，以避邪。沿江水之地则为龙舟竞渡，以纪念屈原。游人雇小舟，泛于上下游，悬锦标以奖胜者。这天，也是新女婿上门拜见岳父母的日子。

「粽子」

湖北人曾称端午节为“小儿

「赛龙舟」

节”，是日饮菖蒲、雄黄酒，涂朱砂、雄黄于小儿额头及五官，以驱疫病。龙舟竞渡最为热闹，若初四、初五下雨均称划船雨。竞渡时，鼓钲爆竹昼夜不停，数十人驾一龙舟，众桨齐飞，疾如风雨，鼓声、人声与水声相应，岸上观者如潮。《岁星堂录》引雷思沛《咏夷陵端阳竞渡》诗云：

樵歌社鼓秧身归，肯放江头乐事稀。
天下无舟不竞渡，峡中有鸟只争飞。
市儿各唱迎神曲，游女多穿送节衣。
懒向灵均陈楚些，一杯聊为酒渔矶。

屈原的家乡在湖北秭归，故乡的人们出于对这位伟大的爱国主义诗人的悼念之情，过端午节时，各地都是吃粽子、喝雄黄酒、门挂菖艾、划龙舟、吃咸蛋。现在吃蛋当然是毫不稀奇，但以前也不是随便就可以吃到蛋的。为了珍惜蛋，姑娘们用线编成小网袋，将咸蛋搁进去，系上红钱套在弟妹的脖子上，成为玩物。什么时候玩破了，什么时候再吃。

「湖北屈原祠」

洞庭湖边的湖南人，在五月中，凡水神庙里供奉龙头，鼓乐游街，还造船像龙形。五月五日，百姓踏百草，户悬艾、蒲，以雄黄、朱砂和酒饮之，用以避邪。郎中群相采药，相传此日又为天送星临门。沿水之民造龙舟竞渡，敲锣打鼓，争先为快。竞渡的真正原因，乃为禳灾。民有疾者，多在水边设神盘以祀神，置酒肉以犒竞渡者。或为草船泛之，谓之“送瘟神”；或造纸船，游闹街市，也称“送瘟”。午时，浴百草汤，灸以灯炷，谓之“免病厄”。以蒜汁洒地，以避蛇蝎虫蚁。

江西南昌人在端午节各户插蒲、艾，过午收之，以艾沾雄黄水洒地辟毒；以雄黄涂小儿额头及两耳，以避虫入。妇女戴榴花、栀子花，向午，以盆盛水，取所戴花置于水中照之，随后以指蘸水洗目，数遍后将水与花泼掉，谓之“送火眼”，云如此则夏天不得眼疾。龙舟有专门竞渡者，不载旗帜，两舟共赛。数里外但闻鼓声隐隐，瞬息间两舟如飞而至，负者鼓不歇，胜者不敢止。若负者反超于前，曰“包抄”，则为胜者的奇耻大辱，往往罢赛而械斗。还有专以夺标为目的的龙舟，舟中载神，旌旗飘扬，金碧彩画，往来河中。缨帽长衫、腰系红布道士立于船头，手执彩旗向有标处左右指挥。观众以柳枝为标，将钱、帛等物系枝上，举标岸边。数舟傍岸夺标，相与争抢，多者为胜。众人聚立两岸呐喊观赏，或乘小舟尾随观战。由于龙舟竞渡有时演变为械斗，有的地方就将龙舟制成旱船，抬着游街，仿佛水中划行一般。旱船所经处，妇女们多投之以盐米。俗以五月为阴阳交替之时，人们视之为“霉月”，有瘟神降，故而召集道士设醮于神庙，制龙舟，送瘟神，保留了一些端午节的本义。

江苏人谓农历五月为“毒月”，百事多有禁忌。僧道先期印制经文，送于善男信女家；得经文者自己填写姓名，在朔日于庭院中焚化，称曰：“修善月斋。”端午时，各家包粽子吃，谚云：“端阳弗吃粽，死后没人送。”人们将银鱼、苋菜、韭菜等一起杂炒，名为“炒五毒”；又用雄黄炒蚕豆，名为“雄黄豆”。还将雄黄浸于水中，曝晒于庭，取回后全家用此水洗目，名为“破火眼”，免得眼病。龙舟竞渡时，观众将鸭、鹅掷入水中，让舟上水手泅水争抢，作为锦标，以博热闹。

浙江人在端午节时，贴五毒符于水缸，将菖蒲、艾投入水中，至六月一日取出。节庆品有粽子、蒜头、蛋白、切鸡、绿豆糕、薄皮糕（用春饼包菜）、五黄（黄鱼、黄瓜、雄黄酒、黄鳝、咸蛋黄）、五烧（烧酒、红烧肉、烧窝、烧饼、烧馒）。各家买葵榴、蒲艾植于堂中并标以五色花纸，贴画虎蝎或张天师之像，或朱笔书写“五月五日天中节，赤口白舌尽消灭”之句贴于楹间，以避虫蛇。午日的西湖竞渡，更是格外热闹，画舫齐开，游人如织。立标杆于湖中，挂锦彩、银碗诸物以赏夺标者。组织者以彩旗指挥，一声令下，并排的龙舟一起划动，争冠夺标，顿时欢声雷动。夺标后，将鸭子抛入湖中，任由水手抢取，活鸭东游西逃，水手紧追不舍，未夺标者，捉只鸭子回去也好炫耀一番。

端午节时的上海妇女，头上插着榴花，并把彩绸制成的骑虎小儿插在发间，名为“健人”。其节庆饮食、习惯、竞渡等，与江苏、浙江之地大体相同。

六月六

“六月六，晒红绿。”这是在长江流域流行得较广的一句谚语，是指每年农历的六月六日，家家户户要将自己的衣被等物搬到户外曝晒一番，以免虫蛀和霉变，人们将这一天便称作“天阴节”。

六月六初为神诞节，因相传为大禹的生日而得名。晋人皇甫谧《帝王世纪》载：“鲧纳有莘氏，臆胸折而生禹于石纽。郡人以禹六月六日生，是日熏修裸飨，岁以为常。”大文豪苏轼在其《过濠州涂山》诗中的自注亦云：“淮南人传禹以六月六日生，是日数万人会于山上。”当为礼拜大禹。

到宋朝时，真宗皇帝为了巩固其统治地位，故弄玄虚，伪称梦见神人，当降天书。天书果然降临了，而且不止一次，真宗便钦定第二次降天书的六月六日为“天贶节”，诏令京师停止杀生一天，并亲率百官到上清宫举行仪式，这便是天贶节的来历。到了南宋，朝廷又将六月六日定为崔真君的诞辰。据《梦粱录》载：“六月初六日，敕封护国显应兴福普佑真君诞辰。乃磁州崔府君，系东汉人也。朝廷建观在暗门外，聚景园前，灵芝寺侧，赐观额名曰显应。其神于靖康时高庙为亲王日，出使到磁州界，神显灵卫驾，因建此宫观，崇奉香火，以褒其功。此日内庭差天使降香设醮，贵戚士庶，多有献香化纸。”六月六

「六月六 晒衣节」

成了纪念崔真君诞辰的生日。

其后，六月六的祭祖对象越来越具有地域性的特点，对象虽各有不同，但节日的内容却大同小异，即拜神、晒衣被。

上海人在六月六的天贶节多曝晒书帙衣裘，去潮湿，防霉蛀。城隍庙等寺庙晒神衣，称为“晒袍会”。农村人在这天吃馄饨，谓可免“毒夏”。在河水中洗涤器物，含有古人修禊之意。有的地方赛龙舟，其热闹规模甚于端午。

江苏人在天贶节时，曝晒书籍、衣帛于庭，给猫狗洗浴；娘家给出嫁女送熟腊肘和花红。家家剁肉做馄饨，乃尝新麦的意思。

浙江人以六月六为“清暑日”，是日晒衣被书籍，洗六畜，浴猫犬于水滨。众人采马齿苋阴干之，以供正月初一时食用。

安徽人在六月六亦晒衣物，农家以是日庆岁，吃腊月腌猪肉。祁门一带则祀田祖，过安苗节，家家户户蒸发糕，做米馃，磨豆腐，有时还请戏班子来唱戏、以预祝五谷丰登，风调雨顺。谚曰：“庆了安苗节，吃喝不用愁。”以是日阴晴卜秋成旱涝。关于安苗节的来历，据说与朱元璋相关。朱元璋称吴国公后，与陈友谅大战，双方在皖赣交界处形成对垒。朱元璋欲速胜，问计于军师，刘伯温献计说：“天顺人顺打仗顺。我们将小红旗插到田里，保护农民的庄稼，就可打胜仗。”朱元璋依计而行，插旗于田，令部下从此不得践踏庄稼，这天正好是个六月六的大顺日子。庄稼受到保护，获得丰收，人心大顺，盼望朱元璋获胜。不久，朱元璋大胜，后又做了明朝的开国皇帝。因而皖赣交界的祁门一带，每到六月六日，百姓都做些小红旗插到田里，预祝丰收。安苗节就成了传统节日，相沿至今。

湖北鄂西的土家族人民传说农历六月六是太阳的生日，要在这一天庆贺，并将家中的衣被诸物拿到太阳下晒一晒。由于是太阳的生日，衣被等物在这一天晒了就不会生虫和霉烂，俗称“六月六，晒衣裘”。这种风俗源于一则神话。

相传很古的时候，洪水滔天，水灾过后是一片泥泞。开天的张古老就叫来12个太阳一起晒干大地，地晒干了，但太阳却不肯回去了，这下就不得了，12个太阳直晒得大地冒火，连张古老也无可奈何了。这时，害怕会晒得断子绝孙的青蛤蟆顺着齐天高的马桑树爬到天上，一口吞下一个太阳，当吞到第 11 个时，人们怕太阳全吞光了没有照明的，就用棒子打弯了马桑树，最后一个太阳也被打落到海里了。天上没太阳，地上黑黢黢，人们想把太阳喊出来，红冠公鸡说："我与太阳是兄弟，我去喊！"公鸡站在山尖上，拍打着翅膀，向着东方喊道："太阳哥——哥，太阳哥——哥。"这一叫还真灵，太阳从东海冒出来了。此后，只要公鸡一叫，太阳便出来。由于好长时间未见太阳了，到处都潮湿得发霉了，大家就把家里的东西都搬到太阳下晒干。太阳回到天上的日子正好是六月六，以前谁也不知太阳是哪天生的，大家就把这天定为太阳的生日，为它举行祝寿祭祀。

重庆、四川一带的人们也在六月六日晒衣物，乡间用刚成熟的早稻祀祖，名为"荐新"，或醮祀田祖。有的地方将六月六定为"镇江会"，祭祀神禹，祈祷佑护。除了晒衣物外，人们还在这天凌晨汲水贮存，用以做酱、制六曲。温江之人视六月六为"秧苗土地生辰"，各备香纸、牲酒致祭，祈求丰收。灌县人则在六月六祭杨将军庙，沿河尤盛。新繁人以六月六为"蓥华祖师诞"，以前有蓥华会，演剧祝寿，免费聚观。远近敬香者接踵于道。

云南各地在农历六月的朔日至六日，礼拜南斗祈年。而居住在牟定县的彝族人则有六月六到柜子山赶会的习俗。相传古时的柜子山野兽成群，山下的各族群众不兴种五谷杂粮，全靠打柴烧炭为生，日子十分艰苦。柜子山顶有一块长满鲜花的平地，这是天仙们晾衣服的地方。有一年的六月初六，有个晒好衣服的仙女见松树下躺着个衣衫破烂的彝族青年樵夫。仙女动了恻隐之心，取出三颗荞子，放入樵夫手中，便离开了。樵夫醒来，看到手中的荞子，回忆起梦中的情景，醒悟到是仙人指点活路。从此，人们便种上了荞麦五谷，日子渐渐好起来。为了答谢仙女，人们便在每年的六月六到柜子山聚会，载歌载舞，尽情欢乐。其实，这也是祭拜土地神或谷神的又一种方式。

青海地区的各族群众在农历六月六及其前后，各地都要举行一年一度的花儿会，这是当地传统的节日活动，也即歌节。

关于花儿会的来源有多种传说，其中一则为：在土族居住的一块地方，

「参加花儿会的姑娘」

花草丰美，树林繁茂，当地青年经常在此谈情说爱唱花儿。土司为了禁止人们唱花儿，就将树木全砍掉了，导致这里三年不下雨，百姓遭殃。有一年六月，一对青年唱起了悲苦的花儿，顿时天上下起倾盆大雨，惊喜的人们纷纷赶来一起唱花儿，直到雨水灌饱了干涸的大地。待雨过天晴，首先唱花儿的一对青年不见了，只见平地冒出了两棵参天的大杨树。人们认为这是神的指点，以后每年的这个时候都汇集到这里唱花儿，希望连年都有好收成。所以，每到花儿会时，四面八方的人都来了，成千上万的人在此连唱几天的民歌并从事各种物资的交流，形成了六月六的特殊节日活动。

花儿是当地山歌的名称，是汉、回、土、撒拉、东乡、保安等族的口头文学形式之一。青海人又称花儿为“少年”。对其中的词称“花儿”，唱花儿就叫“漫少年”。花儿的声调高亢舒长，即兴编词。内容分抒情、叙事两种，以前者居多，通常为独唱或对唱的形式。属于情歌之类的“花儿”，只在旷野里唱，例须回避长辈。

七夕

纤云弄巧，
飞星传恨，
银河迢迢暗渡，
金风玉露一相逢，
便胜却人间无数。

柔情似水，
佳期如梦，
忍顾鹊桥归路！
两情若是长久时，
又岂在朝朝暮暮。

宋朝词人秦观的这首《鹊桥仙》说的便是七夕节的故事，委婉深沉，感人肺腑。

每年农历的七月初七，是汉族民间的“七夕节”，又称“乞巧节”、“少女节”、“女节”，是一个完全属于妇女们的节日。现在，人们又称之为中国的“情人节”。

七夕节的形成与织女、牵牛二星的传说相关，这个传说至迟在西周时就产生了基本的框架。周人观测天象，发现了银河北滨的三颗星辰的运动规律犹如织布梭，因而取名为“织女星”，并将与之相对的星取名为“牛郎星”。

「 牛郎织女 」

《诗经·尔雅》云：“维天有汉，监亦有光，跂彼织女，终日七襄；虽然七襄，不成报章，睆彼牵牛，不以服箱。”大意为，天上有织女星，一日七变，却织不出布来；牵牛星也只牵着一头牛，而没有用牛驾车。先人的这种想法，将织女与牵牛连在了一起，便为后人留下了广阔的想象空间，牛郎织女的故事就逐渐被后人演绎、加工出来了。

牛郎织女的传说故事在西汉时就已见诸文献了，《淮南子·万毕术》载：“乌鹊填河而渡织女。”《史记·天官书》载：“织女，天女孙（名）也。”到东汉时，牛郎织女的故事就基本成形了，如东汉末的《古诗十九首·

迢迢牵牛星》曰：

迢迢牵牛星，皎皎河汉女。
纤纤擢素手，札札弄机杼。
终日不成章，泣涕零如雨。
河汉清且浅，相去复几许？
盈盈一水间，脉脉不得语。

寥寥数语，便将一个美丽感人的神话故事展现出来。据汉族古代神话传说，玉皇大帝的女儿爱上了善良正直的牛郎，在老牛的帮助下，二人成亲并生下一对儿女。为正家规，王母娘娘抓走了织女，将两人相隔在天河两边。每年七夕允许他俩相会一次。

神话毕竟是神话，若按现代科学的知识，牛郎与织女是永远不可能相会的。因为牛郎星与织女星虽然看起来只是相距百米左右的“盈盈一水间”，其实却相距16光年，即151万亿公里。这个距离凡人是难以理解的，纵然有孙悟空的通天本事，也只能望水兴叹：此生不得渡。从个头上讲，织女星的体积是牛郎星的6倍多，如此的小女婿实在不般配。有趣的是，要是牛郎星与织女星相爱，那才真是叫“热恋”，因为太阳的表面温度有6000℃，而牛郎星却有8000℃，织女星更高达11000℃。

据现代学者研究，由牛郎织女神话形成的民俗节日，时间当在战国，地点则在楚国，楚怀王就曾置七夕，后来才流传为全国性的节日。因此，长江流域的七夕节活动更具有领导潮流的含义。

「牛郎织女星」

《湖北通志》载：农历七月七日为牛郎织女聚会之夜，妇女结彩缕，穿七孔针，陈瓜果于庭中，以“乞巧”。七夕时，要好的妇女、姑娘们扎成一堆，聚于某家，用瓜果祭织女，玩乞巧的游戏。先准备好丝线，然后在月光下比赛穿针。七巧针是一种很细的针，乞巧时，妇女们眼望天，两手背后穿针，先穿好的便为“得巧”，后穿完的为“输巧”，至于赢家如何奖励、输家如何惩罚，则随人所喜了。

洞庭湖边的湖南妇女在七夕时，城乡皆陈设瓜果于庭院，向星拜祭，名为“祀星”，实为“乞巧”的遗意。或者在月下曝水浮针，以卜女工之巧。这种乞巧风俗在《帝京景物略》中记载较详：“七月七日之午丢巧针，妇女曝盎水日中，顷之，水膜生面，绣针投之则浮。则看水底针影，有成云物、花头、鸟兽影者，有成鞋及剪刀、水茄影者，谓乞得巧。其影粗如槌，细如丝，直如轴蜡，此拙征矣。妇或叹，女有泣者。”按常理，针是不能浮于水面的，既然能浮起，则水恐怕是含有较多悬浮物之类，有心人不妨自己试一下。当地人在七夕夜观天象，占天河隐见以定来年米价，早见则贵，迟见则贱，谚曰：“天河搭屋脊，家家有饭吃。”妇女还在七夕用草药和米粉做团食之，说是能去积。天热不欲食、吃团开胃口也还是有一定道理的，应为借七巧而食疗。另外，妇女还在七日采柏叶、桃枝煎汤洗发，大概也是合理利用天然植物精华吧。

「穿针乞巧」

南昌女性在七巧节中午玩“乞巧”的游戏，用小瓷盘盛水而晒，不久投针其上，针浮于水面，下现造影，得刀剪形则喜，得砧杵形则忧，以为自己笨拙是劳苦命。新余地方的妇女在七日夜的月下，用五彩丝合成一线穿针孔，过者为巧。上饶地方家家用糕点祀牛郎织女，有小儿小女娇弱多病者，必会礼拜天河，祈双星福佑，但却无有乞巧之举。

安庆妇女在七夕时月下穿针，或夜中候彩云，见则相庆，称之“巧云”(女性以“巧云”为名者，当源于此风俗)。好事者在月光下通宵酒会，等待着“看巧云”的机会，见则有喜。若初八日有雨，则以为是牛郎织女的临别洒泪雨。太湖妇女也通宵达旦地在庭院祀黄姑星，并“乞巧”、“看巧云”。芜湖人在七夕时，陈设瓜果于庭院，觅小蜘蛛置小锦盒中，次日打开，若盒中蜘蛛吐丝结网者为得巧。又用盂盛井水及河水置户外露一夜，第二天放到烈日下曝晒，须臾间水面起一层油翳，再投数枚绣花针于盂中，多浮于水面，视其针影，若如笔锋及书卷者，称之为得聪明，乃为吉兆。

杭州人在七夕节的傍晚，童男童女犹如过年般皆穿新衣，富贵人家于高楼桅榭安排筵席，以赏节庆。又在庭院中设香案及酒果，令女郎望月瞻斗罗拜，“乞巧”于织女星和牛郎星。市井儿童多衣，荷叶半臂，手持荷叶，效法“泥孩儿”（俗称“摩睺罗”）的样子。店家在七夕出售泥孩儿，甚至有极精巧饰以金珠者，或以土木雕塑孩儿，衣以彩服，此为七夕的时尚物。此风俗保留了织女具有主掌生育和庇护儿童的神性这一本义，泥孩儿是作为生命的象征来看待的，希望生小孩的人家买回家去或是亲友买后送去，都算是先得了生子的喜兆。另外，在七夕时剪去小儿臂上过端午节系上的“长命缕”，名为“换巧”。系“长命缕”原为祛灾保命，此时去掉，乃是借织女的佑护之力甩掉了疾病和灾难。

苏州地区称七夕为“小儿节”、“乞巧会”。届时，人们用溲面簇花及剪蚕豆入油煎之，曰“巧”。儿童设瓜果祭拜，妇女对月穿针并捣凤仙花染指甲。乡民凑钱祭织女庙，据《中吴纪闻》载：昆山县东有地名黄姑，古老相传，曾有牛郎、织女星降于此地，织女以金篦划河，河水涌溢，牛郎因不得渡。今庙之西有河水，名百沸河，乡人异之，为之立祠，祠中塑织女、牛郎二像。建炎兵灾时，士大夫都到东岗地避难，有个姓范的读书人经过祠庙，参观后于壁间题诗曰：

商飙初至月埋轮，乌鹊桥边绰约身。
问道佳期唯一夕，因何朝暮对斯人。

此诗言之有理，乡民便搬走牛郎像，独留织女于庙中。祈祷时，颇为灵验。每至七夕，妇人皆凑钱为“青苗会”，所收之多寡，持杯珓问之，无毫厘之错，当地甚敬之。当地的七夕风俗还有，以锦刺针孔辨目力。以青竹戴绿荷系于庭，做承露盘，男女罗拜月下，次日举露饮之。

上海人过七夕节时，以面粉和糖捏做成各式花样油煎，曰“巧果”；将蚕豆做成“兰花豆”。新嫁女于此时多回娘家探亲，以“巧果”相赠。各家在庭院设香案，摘凤仙花32朵养于盆中，又将海棠、兰、菊、状元鞭诸花插于瓶中。意在取媚牛郎、织女。

中元节

偶来人世值中元，不献玄都永日闲。
寂寂焚香在仙观，知师遥礼玉京山。

唐代诗人令狐楚的这首《中元日赠张尊师》说的便是中元节的活动。

农历七月十五，俗称“鬼节”，道教称作“中元节”，佛教称作“盂兰盆会”。我们今天多不信鬼，也不过这个节。但多少还是会受到这个传统节日的某些影响，如在农历七月中旬的几天内，晚上烧一次纸钱，缅怀先人。在乡村和个别地方，人们仍然非常隆重地过这个节日。

中元节源于道教。道教称农历七月十五为中元地官清虚大帝的生日，是“地官赦罪之辰”，定为祭扫的节日。道士在这一天以诵经作法和用三牲五果普度十方孤魂野鬼。因为按迷信说法，七月十五日为阴间放假的日子，鬼王开鬼门，人、鬼间的幽隔之路被打通了，旧鬼可以回家接受祭享，新死鬼则可乘此机会魂归地府。所以，需要祭祀亡灵，超度野鬼。据《道经》载：“七月十五日，中元之日，地官校勾搜选众人，分别善恶。……十方大圣，齐咏灵篇。囚徒恶鬼，当时解脱，一切俱饱满，免于众苦，得还人中。若非如是，难于拔赎。”既然地官在此日考察众生善恶，人们自然就要拜祭一番，希望“有钱能使鬼推磨，免得死后下油锅”。

「中元节祭祀」

据研究，中元节如果排除某些宗教因素，当形成于先秦楚国，这与楚人“好淫祀”有着密切的关系。待道教形成、佛教传入后，它们自然要利用传统的节日活动为宗教服务，便附会进宗教内容，反倒成为宗教节日了。元人周密在其《乾淳岁日记》中说：七月十五“道家谓之中元节，各有斋醮等会，僧寺则于此日作盂兰盆斋，而人家亦以此日祀先”。“祀先”当为先于宗教的最原始的节日本意。

关于中元节的来历，有一个民间故事说道：

古时候没有纸，字写在竹简、丝帛上，极为不便。后来蔡伦发明了纸，写字的困难从此得到了解决，造纸的生意也兴隆起来了。蔡伦的嫂子慧娘想发财，就让其夫蔡莫去跟弟弟学造纸，并要他早去早回早赚钱。谁知蔡莫还没把手艺学全就赶回家里，办起了造纸厂。结果因技术不过关，造出来的纸根本不能用于写字，人们戏称为“草纸”，谁都不买。夫妻望着满屋子的草纸一筹莫展。怎么办呢？想来想去，还是慧娘想出了一个绝处逢生的主意，要蔡莫依计而行。

夜深人静时，邻居们突然听到蔡莫大哭，忙赶来问个究竟。蔡莫说：“为造纸的事与妻争吵了几句，她一时想不开就寻了短见。请乡亲们做个好事，等天亮她娘家人来时就说是得急病死的，要不然她娘家人会打死我的。”

第二天，蔡莫跪在慧娘的棺材前哭得死去活来。接到报丧后的娘家人赶来了，虽然觉得慧娘死得太蹊跷，但众人都说是得急病死的，又见蔡莫伤心的样子，再想想小两口平时的恩爱关系，就打消了怀疑。这时，蔡莫拿来一捆草纸，在棺材前一边哭一边烧。过了一会，棺材里有了点响动，众人还未在意。再过会，只听慧娘在棺材里喊；“把门打开，我回来了。”这下可把众人吓坏了，还以为是闹僵尸，谁都不敢动。在蔡莫的请求下，几个胆大的一起掀开了棺盖。

「汉代造纸工艺图」

慧娘在棺材里坐了起来，闭着眼睛怪声怪气地唱道：“阳间钱能行四海。纸在阴间做买卖。不是丈夫把纸烧，谁肯放我回家来？”她唱了几遍后，才睁开眼睛说：“刚才我是鬼，现在我是人，乡亲们莫怕。我到了阴间，阎王让我推磨受累，丈夫给我送了钱，小鬼们为了几个钱都争着代我推磨，真是有钱能使鬼推磨啊！我把丈夫送给我的钱去交给阎王，他就把我放回来了。”说罢爬出了棺材。

蔡莫故意问：“我没有给你送钱呀？”

慧娘指着正在燃烧的纸堆说：“那就是你送的钱，人间是使铜当钱，阴间却以纸当钱。”

蔡莫一听，又跑去抱了两大捆草纸来烧，说是送钱给阴间的爹娘用，免得他们受苦。慧娘也赶紧帮忙烧，说是送给她的爷爷奶奶。

乡亲们见这种擦屁股都嫌粗的草纸居然还有这么大的用场，都争着掏钱买草纸，慧娘向每人送了一捆，分文不收。消息传开后，凡是听说此事的人都赶来抢购蔡家的草纸，不到几天就把满屋子的草纸全卖光了，蔡莫以后就专门造草纸卖钱。由于慧娘还阳的那天正是农历七月十五日，因此人们认定这一天是阎王放人的日子，以后每逢这一天，人们都给祖先烧香烧纸，这个习俗就延续下来了。

那么佛教为什么也要挨个热闹，将七月十五日定作“盂兰盆节”呢？

盂兰盆节是梵文音译，意译为“解倒悬”。《盂兰盆经》说，众僧在四月十五日“结制”于庙中持诵念经，过九十天，在七月十五日“解制”，尔后可以四出行走化缘。七月十五日是众僧功德圆满之期，若在这天修供，其福报可百倍。

佛祖十大弟子之一的目连，其母亡后堕入轮回六道中的饿鬼道，目连立即盛了一钵饭送给他母亲吃，谁知饭还未进口就变成了火炭，这样，其母不能得食。目连大声喊叫，跑回来禀告佛祖。佛祖说：“你母亲的罪重，不是你一个人对付得了的，需要十方众僧神威的力量。到七月十五那天，你应当为正在地狱受苦的七代父母备办各种美味和五果，放在盆盂中，供奉十方高德大僧。我与众僧皆为施主祝愿七代父母行禅定意，然后去接受食物。”目连照佛祖所说的做了，这时其母就解脱了饿鬼的一切痛苦，成为地藏王的护法。目连回禀佛祖说：“以后佛家弟子孝顺父母的，也应当设置盂兰盆会供养十方高僧大德。”佛祖赞曰：“说得好。”

这样，传统的、道教的、佛教的，都先后挤在七月十五过中元节，其热闹就可想而知了。中元节的活动大致具有以下几项内容，即：祭奠先祖亡魂，这是敬祖的表现；设食荐享无主的孤魂野鬼，这是同情弱者和小心无大过的心理表现；超度新死亡鬼，这是帮助刚去世的亲友打通关节；道观开斋醮会，佛寺做盂兰盆斋，这是借宗教之力为先人和自己留后路；放江灯，这是为亡魂渡过苦海点灯照明；普度众生，这是四海之内皆兄弟的又一种表现。具体到长江流域的各地方，也无外乎以上的活动，只是侧重点不同而已。

上海人在中元节以素斋祀祖，寺庙中做道场，放“焰口”，并在水池放莲灯，称作“盂兰盆会”，城隍庙则举行“三巡会”。若月晦值大尽日（俗称“地藏开眼”），僧人以纸造白莲船，乡人或以钱、米、絮、纸钱少许寄放纸船中，祈生西方，夕做法事而焚之。儿童积砖瓦为塔，至夕亦燃灯；或于长街点放地灯，一行多至数十盏。

「中元节放莲灯」

杭州风俗，七月十二夜接祖宗，家庙中供茶点，十三、十五、十七均须祀先，有馄饨、石花二品。凡新丧在“中元”之前者，名为“首中元”，灵前设供细点，每十二、十六元锡盘一桌，多者数十桌，皆亲戚所献。备宴席，接陪丧，亲友皆来吊奠。别置一室铺经坛，或僧或道，拜忏诵经。十二接，十七送，除茶点外，还要备瓜藕和莲蓬，虽贫家亦必备。俗曰：“七月中元接祖宗，西瓜老藕瞎莲蓬。”

安徽巢湖人七月十五过中元节，僧舍办“盂兰盆会”超度亡灵。居民设灯棚，放焰火，施食放灯，沿路烧松香包，将纸扎的银库、银船焚于街市口，散给无依的野鬼，称之“斋孤邻”。妇女捐买箔银助焚，称之“结鬼缘”。俱催促得银钱的野鬼在望日前回去，因为当夜闭鬼门。中元前后，女儿家用箕盛小女鞋一只置厕边，迎候戚姑娘（刘邦宠姬戚夫人，为吕后迫害，砍去手足置之厕中，称为“人彘”）。

长沙人在七月初十至十五过中元节，设羹饭酒食供祭祖先，剪纸为衣，凿纸钱焚之，名曰“荐祖”。城市喧闹之处，或诵经献烛，或施赈孤魂野鬼。浏阳人有“挂扫寻坟，烧纸留名”之说，意为中元节的祭祖如同清明节一般。浏阳的鞭好，自然少不了炸鞭的内容。茶陵人在中元节前数日悬挂先人像或用木主，以酒食朝夕供奉。至十五日，设瓜果及各种祭品，称为“饯祖”，再焚纸衣、纸钱于门外拜送之。

「祭鬼节」

四川人说：“七月半，鬼乱窜”，过“七月半”时，各家封纸钱，填上祖宗的名讳，书某某祖父考妣收用、某某焚献，俗称之“袱子”，设供于室，祭毕焚于庭。绵阳人在中元节聚而祭于公祠，无宗祠者各祭于家。晚上，各家皆于大门外焚纸钱招魂，有许愿于山头点路烛者，有水面放河灯者。庵寺则办“盂兰盆会”。设高座施舍食物给寒林诸鬼，俗称“放焰口”。各街市灯火辉煌，以面饼为鬼食，遍抛地上，儿童争拾之。

贵州遵义人在七月初十之夜设香案，祀先祖于中堂，俗称“接祖”，具香茶、酒肴拜祭。以后几天的各餐均同样拜祭，犹如侍奉活人一般，至十五日夜止。事先准备好纸包，中包纸钱，包面各写明先人的名号，旁注己名，在十五日之夜焚化，俗称“中元寄钱”。

昆明人在十二日晚迎接祖先，若是新丧者则提前一天接、送。设瓶花，以鸡冠花、水红花取新麦盖之，待芽长到八九寸，称为“麦秧”，盛于盘中，与其他刚成熟的石榴、葡萄、松子之类，同作供品。祖先既迎回家，思其饮食与嗜好，必虔诚供奉。俗尚剪纸衣粘于壁，至十五日送祖时与纸钱一起焚化。是夕为“佛盂兰盆会”，夜放河灯。

在科学知识和无神论思想日益普及的今天，人们的头脑中虽残留有中元节的某些印迹，但对中元节和鬼神已有了较为正确的认识，因而以上的中元节活动内容已大为变化，徒具形式而已。

中秋

明月几时有；
把酒问青天。
不知天上宫阙，
今夕是何年？
我欲乘风归去，
惟恐琼楼玉宇，
高处不胜寒。
起舞弄清影，
何似在人间？

转朱阁，
低绮户，
照无眠。
不应有恨，
何事长向别时圆？
人有悲欢离合，
月有阴晴圆缺，
此事古难全。
但愿人长久，
千里共婵娟。

宋代文豪苏轼的这首《水调歌头》，千百年来不知使多少人触景生情，感慨万千，为中秋佳节平添了许多浪漫的色彩。

汉族的中秋节又称“团圆节”、“八月节”，于农历八月十五日欢度。

“中秋”之词，始见于《周礼》：“中春昼，击土鼓，龡《豳诗》，以逆暑；中秋夜，迎寒亦如之。”农历的七、八、九三个月为秋季，八月十五正当秋季的中间，故称中秋。此日之夜，月之色倍明于常时。所以，我国古代帝王有秋天祭月的礼制，《礼记》载：“天子春朝日，秋夕月。朝日以朝，夕月以夕。”“夕月”即拜月的意思，此为万物崇拜的一种表现。

「张衡」

东汉科学家张衡在其所著《灵宪》中指出：“月光生于日之所照，魄生于日之所蔽；当日则光盈，就日则光尽。”他已认识到月亮本身是不会发光的，而是靠反射太阳光才使自己亮起来。

当月亮运行到太阳和地球之间时，对着地球的一面由于得不到阳光而不亮，此即月“亏”，称为“朔”，是为农历每月的初一；当月亮运行到与太阳相对、地球处于二者之间时，月亮正好是承受阳光照射的一面朝向地球并将阳光反射于地球，我们便可见到一个圆圆的月亮，此即月“盈”，称为“望”，是为农历每月的十五。

认识到月亮运行和“亏”、“盈”的关系后，天子例行公事的祭月就逐渐演变成大众的赏月了。

「中秋月」

中秋赏月之俗，开始于魏晋，渐盛于唐宋。《晋书》载：“谢尚镇牛渚，中秋夕，与左右微服泛江。”江上赏月，无遮无拦，效果当然奇佳，心情自然极爽。唐朝时，中秋赏月便成为时尚了。《开元遗事》载：“中秋夕，上与贵妃临太液池望月。”欧阳詹《长安玩月诗序》载：“秋之于时，后夏先冬。八月于秋，季始孟终。十五于夜，又月之中。稽于天道，则寒暑均，取于月数，则蟾魄圆，故曰中秋。此时玩月，当然别有情趣。”

据说北宋太平年间，始定八月十五为中秋节。宋人孟元老的《东京梦华录》载：“中秋夜，贵家结饰台榭，民间争占酒楼玩月。”苏武的“但愿人长久，千里共婵娟”之句，也当是中秋之夜的有感而发。不过，中秋节作为节日的名称而见诸文献却较迟。提到“中秋节”这一名称的大概是南宋人吴自牧，其著《梦粱录》载：“八月十五中秋节，此日三秋恰半，故谓之中秋节，此夜月色，倍明于常时，又谓之月夕。”该书描写南宋都城临安（今杭州）的中秋节之夜时说：“金风荐爽，玉露生凉，丹桂香飘，银蟾光满，王孙公子，富家巨室，莫不登危楼，临轩玩月……天街买卖，直至五鼓，玩月游人，婆娑于市，至晓不绝，盖金吾不禁故也。”可见南宋时长江下游沾都城的光，中秋节活动已热闹非凡了。

元朝以后，中秋节不再是局限于某地的文人学士、王孙公子的赏月活动，而是为民间所普遍接受，成为具有大众性的活动了，并有了节日标志性的节俗——吃月饼。作为食品之一的月饼，在宋代就出现了，但是否作为节庆食品则不得而知。到明朝时，月饼具有了特殊的意义，成为了中秋节的象征。明代田汝成《西湖游览志馀》载：“八月十五谓之中秋，民间以月饼相馈，取团圆之义。”这确为中秋月饼了。刘侗、于奕正的《帝京景物略》也说：“八月十五祭月，其祭果饼必圆，分瓜必牙错瓣刻之，如莲花。纸肆市月光纸，绘满月像，趺坐莲花者，月光遍照菩萨也。华下月轮桂殿，有兔杵而人立，捣药臼中。纸小者三寸，大者丈，致工者金碧缤纷。家设月光位，于月所出方，向月供而拜，则焚月光纸，撤所供。”可见明朝时，大江南北的中秋节俗已趋于一致，传统文化与佛教思想交融在一起，构成了中秋节的特定习俗。

以后，中秋节的节俗基本定型，有赏月、拜月、团聚、食饼、祈子、酬神、祛灾、联欢等几种形式，并延续至今，成为我国传统的三大节日之一。长江流域的情况也基本如此。

上海人过中秋佳节时，家家户户整洁庭院，点香斗（曰“点天香”），供月饼、梨藕等，祭月宫。香斗是以线香编成，斗中插着纸扎的龙门、旗斗、魁星和彩旗之类。家家院中香烟缭绕，赏月至深夜。并用自制月饼

"祀灶"、"祀先"。吃月饼、芋艿、豆荚等。妇女夜游，俗称"蹈月"，许多人到桥上观赏月影荡漾。

南宋时，杭州的中秋节已相当热闹了，《梦粱录》记载：富贵人家登高楼，"玳筵罗列，琴瑟铿锵，酌酒高歌，以卜竟夕之欢。至如铺席之家，亦登月台，安排家宴，团圆子女，以酬佳节。虽陋巷贫穷之人，解衣市酒，勉强迎欢，不肯虚度。"明朝时，杭州人仍举办赏月之宴，有的乘船于西湖，品酒赏月；有的在苏堤之上，联袂踏歌，无异白天。到现代，中秋节时仍家家盛办酒肴招待亲友，来往馈送均少不了月饼。晚上，以月饼、水果祀月宫，或烧斗香。斗香为店铺所制，上大下小，用彩色纸糊之，上缀月宫楼台殿阁、走马灯景，四角有挑灯大旗，大者各宽二尺。是夜天气晴朗，居民有坐之深夜者，俗称"守月华"。

安徽人在中秋节时，亲友间多赠送果饼、菱藕之物。是夕陈果饼，老幼拜月，俗称"团圆夜"。夜则邀知己赏月，煮茶清玩。或相邀踏月，有彻夜不眠者。小儿各持月饼望月轮，村童多拾瓦砾堆宝塔。妇女联袂出游，遇菜园则窃瓜（因瓜多籽，为"多子"之兆），南瓜则为生男孩之兆。好事者偷回瓜后（南瓜最好），盛以彩囊，鼓乐送至新婚人家，俗称"摸秋"。夫妇背人共食之，以为生子之预兆。怀宁城的妇女们在中秋夜，相邀到枞阳门内、百子庵前、鹭鸶桥畔摸索瓦砾块占子，石为男，瓦为女。祁门人在中秋夜扎稻草龙，燃香遍插龙体，数人共执舞之，敲锣打鼓游于月光下，遇溪涧东向送之，以祈丰年。

江西人过中秋时，家家户户团坐中庭赏月，席上多设藕梨、糕饼等食物。市间夜出灯谜，犹如元宵节一般。各庙陈设古玩字画、花卉植物以迎游人。这时粮食已登场，舒心的人们乘佳节演戏赛神，以报答丰收。南丰人不在春天放风筝，而在中秋至重阳节间放风筝。忽上忽下，忽东忽西，尽为风筝，俗称"风禽"。不仅白天放，晚上也放，悬灯于线，见灯而不见筝，远望若满天繁星。灯之前后又杂以爆竹，不时轰响，各处响应。故而当地人就此景赋诗曰：

远近渔灯乱，高低萤火飞。

云收雷霹雳，子耀母迷离。

湖北人也看重中秋节，届时亲友相邀，互赠月饼，吃饼品酒赏月。由于人尚月饼，故店家日夜赶制以供买者，曾有人赋诗形容汉口的中秋节，曰：

碧天如水月如瑶，卖饼人家设色饶。
纱车纱笼千百盏，中秋端的胜元宵。

中秋也是团圆之时，若非公事缠身，人们都要与父母团聚过节，女婿们还得提上月饼、烟酒礼品拜谢岳丈。蕲春人设高案，以贴金大饼焚香秉烛祭月；旧俗还捉取促织虫相斗取乐。鄂西土家族和三峡地区的人们在中秋节时“摸秋”的风俗特浓，土家族人干脆称中秋节为“偷瓜送子节”。此俗据说是源于一则故事：

相传，古时候有户土家人，夫妇俩年过半百还没有儿女，他们感到孤单无趣，尤其是担忧死后无人上坟。天上的玉皇晓得了，很怜悯夫妇，便打发金童下界，去给这对夫妇做儿子。但夫妇俩都年过半百快满花甲了，怎能生育呢？玉帝想了个办法，叫金童躲进两夫妇和邻舍合种的冬瓜园里的冬瓜里。等到中秋摘瓜时，见有个冬瓜长得活像个伢崽子，邻舍叫夫妇俩摘回去，说：“你两老把它做个冬瓜儿吧！”夫妇俩不肯，要邻居摘回去，邻居也不肯摘。到半夜时，邻居想了个主意，将冬瓜摘下来，用红布包裹着，送到这对夫妇家里来，说：“我从路上捡来了个月伢儿，你俩快将床被收拾下。”两夫妇信以为真，收好床被。邻居将红布包裹着的冬瓜，往床上一放，抬脚就要走。夫妇俩说：“慢点走，等我看看伢崽样子，再煮蛋给你吃。”邻居没有办法，心里咚咚地跳着。夫妇俩将红布一揭开，冬瓜“嘣”地一下炸开了，当真一个肥胖胖的伢儿，抖脚舞手，乖乖的。夫妇俩眉开眼笑，邻居惊奇得目瞪口呆。喜事甜人心，奇事传千里。冬瓜儿的故事传遍了土家山寨。哪家没有儿女，邻居就在中秋夜去偷摘冬瓜送来。中秋偷瓜送子的风俗，就这样一代代传开了。

传到后来，有的地方就索性公开去送，敲锣打鼓放鞭炮，像接亲嫁女一样喜庆。不过，乡下山寨还是半夜偷取瓜后，用红布包裹成月伢崽一样，送到无子的人家里，放到床上被窝里，还要假装伢儿哭，并向主人家讲四言八句，诸如“长命富贵”之类以示祝贺。主人若第二年果真生育了，就要大请酒宴，招待偷瓜送子的邻居亲友。

重庆人在中秋夜，陈果饼供月、赏月。亲友有未得子嗣者，捏童子像，饰以华彩，彩轿鼓乐送之，以图感应生子。小儿摘橙插香其上，俗称“玩香宝”。成都人以月饼相赠，取团圆之意。至夕，祀月于中庭。华阳人于庭中设月饼、梨、石榴诸果品以拜月，或约友朋饮酒赋诗，赏月为乐。汉州人用胡麻粘饼，形如月亮，俗称“月饼”，亲友相赠。是夕，街巷演戏，各家供月宴赏尽欢而已。四川人多有彻夜不眠，守看月华以为祥瑞者，并有“摸秋”送子的习俗。

云南汉人在中秋节备办月饼、水果等敬月，亲友间亦相互馈赠，间有送瓜于亲友，以卜子者。有的地方相月完毕，聚饮月下，欢呼达旦。江川人在中秋节时，远近居民到孤山进香酬愿，亦有以诗酒邀游者。思茅地区在中秋之晨，各家祀神及祖先毕，再拜父母、师长，女子归宁。晚上设香烛等祀月毕，全家人吃果饼，庆祝团圆节。农人观是夕阴晴，以验来岁天气。大理妇女在中秋节焚香，酬酒拜月，祈求家庭团圆。农村则有跳巫演剧者，说是祝贺李密将军的生辰。邓川则在中秋节举办鱼潭坡会，众人赶集，百货叫卖。

青海、西藏的汉人亦有中秋赏月的习俗。

在传统节日中，许多古代的节庆内容在今天已不大流行，变异较大。但中秋节的节庆内容则古今变化不大，基本上保持了传统特色，仅在祈福酬神、“摸秋”求子方面有所淡化，城市中更是如此。不过，“但愿人长久，千里共婵娟”的情感则更是深入人心，祈求团圆幸福、美好生活的愿望更为强烈，这也反映了时代的进步。尤为有趣的是，在中秋之夜，高等学府的学生们，以班、组或同乡为单位，在校园的草坪上，点着蜡烛或灯笼，围成一圈谈心、饮食、赏月、歌舞。一圈圈的烛光融入银辉的月色里，使人们沉浸在节日的欢乐中。美丽的夜晚，快乐的青年，幸福的生活，灿烂的未来，嫦娥若有知，亦会下凡来。

中秋赏月，总是与嫦娥有关，“嫦娥奔月”的故事，更是带给人美好的想象。

相传：远古时后羿射下九个太阳后，他的名字传遍天下，人人敬仰。后来，他娶了个妻子叫嫦娥。这嫦娥美丽非常，温柔贤惠。夫妻二人相亲相爱，生活非常美满。嫦娥心地善良，常用丈夫射来的猎物接济乡亲们。乡亲们都非常喜爱她，夸后羿娶了个好媳妇。

有一天，后羿射猎途中碰见一个老道士。这老道钦佩后羿的神力和为人，赠给了他一包不死药，说吃了这药，就能长生不老，成仙升天。可后羿舍不得自己心爱的妻子，也舍不得父老乡亲们，不愿自己一人上天，回家后，就把不死药交给了妻子，嫦娥把药藏在了床头首饰匣里。

那时候，因为羡慕后羿的威名，不少人跟着他拜师学艺。其中有个叫蓬蒙的，是个奸佞小人，想偷吃后羿的不死药，自己成仙。

这一年的夏历八月十五日，后羿又带着徒弟们出门射猎去了。天近傍晚，蓬蒙却偷偷溜了回来，闯进嫦娥的卧室，威逼嫦娥交出那包不死药。嫦娥在迫不得已的情况下，把不死药全部吃下，立时，身轻似燕，冲出窗口，直上云天，可她一心还恋着心爱的丈夫，就飞到离地面最近的月亮上安了身。

后羿回家后，不见了妻子嫦娥，忙向侍女打听，才知道事情的经过。他焦急地冲出门外，只见天上的月亮比往日格外亮，格外圆，就像心爱的妻子在看着自己。他心似刀绞，拼命朝月亮追去。可他追三步，月亮退三步；他退三步，月亮进三步，怎么也到不了跟前。后羿思念心爱的妻子，心痛欲裂，默默流泪，无计可施，只得命侍女在院内月下摆上供桌，上面供放上嫦娥最爱吃的各种水果，遥祭远去的妻子。乡亲们听说以后，也都在各家院内摆上供桌水果，遥祭善良的嫦娥。

第二年八月十五晚上，是嫦娥奔月的忌日，月亮又是格外明，格外圆。后羿和乡亲们怀念善良的嫦娥，都早早地在院中月光下摆上水果祭月，寄托对亲人的思念。以后年年如是，世代相传。因八月十五时值中秋，所以人们就把这一天定为中秋节。

「嫦娥奔月」

再说嫦娥飞入月宫之后，每日里思念丈夫，思念乡亲，虽有珍馔佳肴，宫女歌舞，仍不能消解愁烦。每年的八月十五日晚上，她都要走出宫门。这时，天清气爽，下界景象现在眼前，她默默遥望，寄托思情。此时，她那美丽的容颜也使得月亮格外亮、格外圆。

到了唐玄宗年间，在一个中秋节的夜里，唐玄宗在宫中赏月，道士罗公远邀玄宗去游月宫，玄宗欣然应允。罗公远就将手杖扔向云天，立刻化为一道银色长桥。二人走过这桥，眼前现出一座宫院，宫门上方写着“广寒清虚之府”。再看那广寒宫内，水晶为阶，如行镜中，仙山琼阁，引人入胜。嫦娥一见凡间人来，非常高兴，忙将他们邀入宫中，命宫女端出酥甜的仙饼让他们吃，并让数百名宫女在庭院里轻歌曼舞，然后才把他们送出月宫。回人间后唐玄宗暗记下仙女的舞曲，命人整理，成为优美动人的“霓裳羽衣曲”。并命人仿造月宫仙饼，因这种饼原是月中之饼，又加形如圆月，所以人们就叫它“月饼”。

自此以后，每年中秋节的晚上，人们都合家团聚，在月光下赏月。还摆出丰硕的果品、月饼祭月。有的人吟诗唱和，表示对月中嫦娥的怀念，对美好生活的向往。年年如是，传承至今。

重阳节

独在异乡为异客，每逢佳节倍思亲。
遥知兄弟登高处，遍插茱萸少一人。

唐朝诗人王维的这首《九月九日忆山东兄弟》的诗，脍炙人口，道出了重阳节的节俗和他在外地时思念故乡亲人的心情。

重阳节又称“重九节”、“秋节”，是汉族的传统节日，时间为农历的九月初九。“重阳”之说源出《易经》,《易经》以一、三、五、七、九为阳数，九则为阳之极数。九月九日，两阳数相重，故名“重阳”，亦曰“重九”。

“重阳”的另一含义为“天”，意即“积阳为天，天有九重”。如屈原在《楚辞·远游》中云：“集重阳入帝宫兮，造旬始而观清都。”说的便是欲上九天览帝宫的感慨，而非指“重阳节”。

待到西汉时，由于神学盛行，九月九这个含有吉利数的吉日，自然被文人学士和统治者所重视，于是乎将这个日子赋予节日的含义了。如晋人葛洪在其《西京杂记》中说到：“汉武帝宫人贾佩兰，九月九日佩茱萸，食蓬饵，饮菊花酒，云令人长寿。”此为个别人的行为还是带有普遍性，我们就难以遽断了。

「重阳登高」

到魏晋时，重阳节的活动内容和节日地位就大体上形成了。如曹丕在其《九日与钟繇书》中云：“岁往月来，忽复九月九日，九为阳数而日月并应，俗嘉其名，以为宜于长久，故以享宴高会。”是说九为吉数，九又是“久”的谐音，含有“长久”、“长寿”之意，所以人们登高聚会，以应吉祥。《晋书·孟嘉传》载：江县人孟嘉为大司马桓温的参军。九月九日，桓温率部下同登龙山（湖北江陵境内，因山势蜿蜒如龙而得名）宴会，孟嘉因贪看美景而忘神，连帽子被山风吹掉了都不知道。桓温令人著文嘲笑他，孟嘉立即回文辩答，其文美妙，众人皆叹服。由此留下了一段历史佳话。

关于重九登高的来历，还有一段传说。晋朝时候，有个叫桓景的人，在有一年的九月九日那天的早晨，碰到了当时有名的神仙费长房。费长房对他说：“今天你家要发瘟疫，你赶快采把茱萸，用布袋装好藏在身上，到附近的高山上去玩一天，如此方能躲过这场灾难。”桓景一听，赶紧带上全家人采些茱萸，一起到附近的高山顶玩了一天，直到天黑才回家。到家一看，家里的家禽都死光了。此事传开后，人们认为重九登高可免灾，就争相效仿。所以，每年的九月九日那天，各家各户都身带茱萸和干粮，跑

「陶渊明」

到附近的高山上玩，直到太阳落山才回家。后来代代相传，就形成了重九登高的风俗。

晋人周处的《风土记》载："九月九日，律中无射而数九，俗尚此日折茱萸以插头，云辟除恶气，而御初寒。""汉俗（九月）九日饮菊花酒以祓除不祥。"到晋时，插茱萸、赏菊花、饮菊花酒已成为节俗了。如晋代诗人陶渊明就是一个"菊迷"，其《九日闲居诗序》曰："余闲居爱重九之名，秋菊盈园，而持醪靡由。"由于他培育的菊花太有名了，人们便络绎不绝地前往菊园参观，"今日送走西方客，明日又迎东方朋"，弄得他无暇顾及田园和诗作。他曾吟诗曰：

菊花如我心，九月九日开；
客人知我意，重阳一同来。

以后客人们便相约在重阳节一同来赏菊。

重阳节吃糕的习俗，大约在南朝时形成。据《南齐书》载，南朝宋武帝刘裕继位后，规定九月九日为骑马射箭、检阅军队的日子。相传现在有的地方仍流行的重阳糕，就是当年发给士兵的干粮的遗制。

到唐宋时，重阳节尤为文人墨客所重视，登高游乐，聚宴赋诗，留下了不少名篇佳句。如杜甫的《九日蓝田崔氏庄》曰：

老去悲秋强自宽，兴来今日尽君欢。
羞将短发还吹帽，笑倩旁人为正冠。
蓝水远从千涧落，玉山高并两峰寒。
明年此会知谁健？醉把茱萸仔细看。

「杜甫」

诗人悲秋乃因自己已老，不知明年还能否把盏赏菊，但诗中并无消极颓废之意，而是使人慷慨旷达，惜时如金。边塞诗人岑参的《行军九日思长安故园》曰：

强欲登高去，无人送酒来。
遥怜故园菊，应傍战场开。

此诗已不再是一般的应景之作了，而是表达了作者对安史之乱的痛恨、对国家的关心和对饱受战乱的人民的同情，同时也表现了作者对未来的信心。李清照的“莫道不消魂，帘卷西风，人比黄花瘦”则表现了一副我见犹怜的女儿心态。

正是由于九月九的日期与节俗已基本固定下来了，所以在唐玄宗时李泌奏请以中和、上巳、重阳这三天为节庆，得到了玄宗皇帝的恩准，“重阳节”的节日名称便正式确定，成为一个传统的节日了。人们在这一天开展各种活动，以示庆贺。

云南人重阳节登高，饮茱萸酒和菊酒，赏菊，各地都有培育出方圆为丈的大菊花。以面拌诸果自制花糕，亲友相赠和品尝。镇雄人在重阳节酿制咂酒、糯米酒，俗称“重阳酒”，味道甜美，可久藏不坏，蓄以迎年，并舂糯米粑而食。

贵州人在重九登高，佩茱萸囊，有携酒采野菊而归者。做糍粑，酿咂酒，饮茱萸酒以避邪。或采菊花、茱萸插头上。据《中华全国风俗志》载：在仁怀县茅台镇，每年农历九月九日，当人们携手登高时，酒房就开始投料了。传统的说法是，九九重阳，阳气旺盛才能酿出好酒。以前，每当烤出初酒时，老板要在酒房贴了“杜康先师之神位”的地方，焚香点烛，摆上一只公鸡、一块猪肉，祈祷这一年酿酒顺利。可见九九酿酒有着悠久的传统。

「茱萸」

重庆人在重阳节佩绛囊，簪菊登高，采菊置酒中，饮茱萸酒。亲家间送

「重阳菊花」

枣糕和重阳酒。是日酿酒，来年重阳启封而饮，故曰“重阳酒”。成都平原无山，无高可登，豪兴者相邀携酒平原快饮，或行酒令，拈韵分题，极一日之乐。还有在是日酿菊花酒者，采菊茎叶，杂黍米酿之。间有用菊花杂肉为羹者，称为“菊花锅”。

楚人九月九饮菊花酒、桂花酒和茱萸酒的历史可能最早。屈原的《离骚》中云：“餐秋菊之落英”，意为吃菊花瓣，由此而饮菊花酒当为自然；《九歌·东皇太一》中云：“奠桂酒兮椒浆”，此“椒浆”可能就是茱萸酒，因茱萸别名“越椒”，外形与椒相似，宜于泡酒。且椒是根本不可能酿酒的，故舍茱萸莫属。

南昌人在重阳卖薄片糕，插五色小纸旗于其上。士大夫则多于龙沙聚宴，设五色糕，赏菊。唐代孟浩然曾赋《龙沙九日》诗以纪其盛会。萍乡人在重阳各家备办酒肴，恣意饮食。尚登高，居民多登城南迎风岭，有燃爆竹者，有自岭上往岭下掷柑橙、听儿童获取以为欢笑者。铅山河口镇大王渡对岸有重阳庙，女伴们于是日到庙中焚帚，俗称“脱灾”。

安徽铜陵人在重阳节举办“龙烛会”，迎山神。居民做糍糕赠食，戏竹马，逐瘟疫。巢湖人做糍饼祀先人，文士祭祀梓潼神，有逸兴者登高赏菊，饮茱萸酒，藉野宴会，瓶盆栽菊花。民间流行登山聚会食蟹，又谓“持螯会”。市肆例饮“重阳酒”，乡民撤烛帐，谓之蚊蚋封口。

杭州人在重阳节用粉面掺栗屑莲须、瓜仁、松子等果实蒸糕，名为“重阳糕”，有的糕其费用同于月饼。插五色小旗于纸上，先用于供神祭祖，后赠与亲友。佩茱萸囊，饮菊花酒。登高览胜、赋诗作序主要是富贵人家和士子们所为，普通人家则不大流行。上海人过重阳节的风俗则类同于江浙。

古人较为重视重阳节，为的是趋吉避灾。今人的吉、灾观不大同于古人，因而重阳节这方面内容的功效渐失；加之重阳节的日期与国庆节相近，故而重阳节在现代已基本上失去了节庆的地位。值得庆幸的是，唐代诗人李商隐写过一首《登乐游原》，诗曰：

向晚意不适，驱车登古原。
夕阳无限好，只是近黄昏。

这首诗的本意是教人惜时如金。现代的老年人对这首诗感慨更多，并将这首诗与重阳节联系在一起，于是，重阳节被赋予了“老人节”的含义，为老年人所重视。同时，节庆的内容也主要体现在健身与赋诗的方面。我们为老年人祝寿，也为重阳节感到有幸。

除夕

乾坤空落落，岁月去堂堂。
末路惊风雨，穷边饱雪霜。
命随年欲尽，身与世俱忘。
无复屠苏梦，挑灯夜未央。

这是宋末民族英雄文天祥在牢狱中过除夕之夜时写的一首《除夜》诗，说明了除夕的习俗，表现出诗人坚贞不屈的高尚气节和忧国忧民的高贵品质，使我们在一定程度上了解到除夕的深刻含义。

「 文天祥雕像 」

除夕时，有哪些节日内容呢？宋代吴自牧《梦粱录》载：“十二月尽，俗云‘月穷岁尽之日’，谓之‘除夜’。士庶家不论大小家，俱洒扫门闾，去尘秽，净庭户，换门神，挂钟馗，钉桃符，贴春牌，祭祀祖宗，遇夜则备迎神香花供物，以祈新岁之安。”这些内容在后来都基本上保持下来了。《万历嘉兴府志》载：“除夕，易门神、桃符、春帖，井碾皆封，爆竹、燔紫，设酒果聚欢，锣鼓彻夜，谓之守岁。”明代浙江嘉兴的这些除夕习俗在今天的长江流域大多沿袭下来。

除夕，又称“除夜”、“大年夜”、“年三十”，是汉族和部分少数民族的传统节日。时间大多为农历十二月的三十日，若遇“闰”，也有在二十八或二十九日过除夕的。除夕之“除”，为去除、除旧布新之意；“夕”者，夜、月之末夜、岁之末夜也。除夕，为一年的最后一夜，是旧岁至此而除、新岁即将来临之意，是与春节联系在一起的节日。

古今相通，除夕的节庆内容主要有扫除、团聚、祭祖、守岁等。在过去，腊月为农闲季节，人们有着较宽裕的时间，因而早早地准备过年，提前好多天进行彻底的大扫除，里里外外修饰一新。现代人生活节奏加快，一般是抽空进行大扫除，房间、客厅、厨房、厕所、庭院都要扫除一番。被子、衣物该洗的洗，该晒的晒。收拾得整整齐齐、干干净净，一方面干净卫生，有利健康，另一方面过年时人来客往，环境的好坏与脸面相关。到除夕，家中只是一般性地做做卫生，将垃圾杂物都清除掉，以免过年时堆积在家。因为按很多地方的习俗，春节三天是不能将家中的垃圾等往外倒掉的，以免坏了招财进宝的财气。

我国是一个特别讲究人伦道德的国家，深受传统宗法思想的影响。在这点上，除夕称得上是第一大节。按照传统，每个人在除夕时都要与家庭团聚，几代同堂，在一起吃团圆饭，共享天伦之乐。过去甚至是以家族为单位团聚，现今团聚的规模多为祖孙三代。当然，在忠孝不能两全的情况下，我们还是崇尚先国家后个人的原则，故而因公不能在除夕时与家人团圆者，是可以理解的。若非如此，则属于浪荡子之类的人物了。每年春运期间，数亿人次的客运量，就充分证明了中国人对团圆的重视。应该说，这也是中华民族的优良传统，由家而国，体现了一种家庭、家族、民族、国家的向心力和凝聚力。

「吃年饭的老照片」

家人团聚在一起，家事、国事、天下事是免不了要好好畅叙一番的。手艺好的就要大显身手，忙着准备团圆饭。按照习惯，我国人民特别重视除夕团圆时的这餐饭菜的质量，这是一年中最好的一桌酒席。人们说，一年忙到头，总该吃顿好的，这顿好的就是指团圆饭。各家倾其所有地操办，鸡鸭鱼肉、飞禽走兽、时令海鲜、特色小菜，都尽其所能地搬上餐桌，使团圆饭成为最为丰盛、最具特色的宴席。

不论路途远近，回家团圆的下辈人都不会空手而行，必定携带各色礼物回家孝敬长辈。家中的长辈在此时当然也不会忘怀自己的已故去的长辈，因此，除夕就免不了要有祭祖的仪式。中国人祭祖的历史十分久远，在除夕、春节的节庆确立后，人们将祭祖仪式融入节日中，成为节庆的一项重要的内容，有饮水思源、不忘根本的意义。因此，在团圆饭开席之前，家长将酒肴等供在神龛上，或者添碗饭菜、插双筷子摆在神龛上，点燃香烛，全家人在神龛前肃立一会，就表示祭祖了。现代家庭无神龛，就往往在开席前，先摆放一只盛着饭菜、插着筷子的碗，再倒上酒，如此在桌上搁一会后，再拿到旁边去放着，也表达了祭祖的意思。有的现代家庭虽无以上的仪式，但在吃年饭时任何人不得将筷子插在饭碗里，此禁忌亦保留了祭祖仪式的痕迹，因为插着筷子的饭碗是表示给祖宗吃的，活着的人如此吃饭是表示对祖宗的不敬，故而必须禁止。

「山西洪洞县祭祖大典」

祭毕祖先，家人就围坐在一起吃团圆饭（即“年饭”、“吃年夜饭”）。吃年饭因被赋予了亲人团圆、合家平安、来岁大吉等特殊意义，而在中国年节文化整体构成及民俗心理与除夕习俗构成中，均占有极其重要的地位。在吃年饭时，长辈上坐，晚辈下坐。现在虽多用圆桌，但圆桌也有主次席之分，一般是靠神龛的一面（多为北面）为上席；若无神龛，则以门的对面为上席；若是大家都分不清，则以大家公认的上席为上席，反正形式是为内容服务的。吃团圆饭时，晚辈先为长辈敬酒，再年轻的为年长的敬酒，亲人间平时可以无所谓，在吃年饭时特别讲究上下尊卑，不可乱来，这也是传统的习俗。酒过三巡，大家就边吃边聊，轻松活泼。然后，长辈给小孩发红包，数量视经济条件而定。

饭后，亲人们在一起围坐“守岁”。守岁的习俗较之除夕节要晚得多，大约首先出现于晋朝时的巴蜀地区。《风土记》载：“蜀之风俗，晚岁相与馈问，谓之馈岁。酒食相邀，谓之别岁。至除夕达旦不眠，谓之守岁。祭先竣事，长幼聚饮，祝颂而散，谓之分岁。”

到唐宋时，人们对守岁更为重视，诗人们也对之抒发情怀，留下了许多关于守岁的诗篇，杜甫、孟浩然、白居易、苏轼等都有佳作，如杜甫的《杜位宅守岁》诗曰：

守岁阿戎家，椒盘已颂花。
盍簪喧枥马，列炬散林鸦。
四十明朝过，飞腾暮景斜。
谁能更拘束，烂醉是生涯。

这首诗道出了诗人在除夕夜这个“一夜连两岁，五更分二年”的特殊时刻，对人生的看法。

关于除夕守岁的来历，民间还有一则动人的传说。

很早以前，出了一个妖怪，名字叫“夕”。这家伙专门害人，特别是看见哪家有漂亮的女娃儿，晚上就要去糟蹋她并吃掉。老百姓恨之入骨，但又没有办法。

有个叫七郎的猎人，力大无穷，箭射得特别好。他喂的那条狗也非常厉害，任何猛兽都敢去斗。七郎见百姓被“夕”害苦了，就想除掉它。他带起那条狗到处找“夕”，找来找去始终没有找到。“夕”平时白天不出来，太阳落了坡它才出来害人，半夜后又不见了，也没人晓得它住在哪儿。

七郎找“夕”找了一年，这天已是夏历腊月三十，他来到一个镇上，见人们都在欢欢喜喜准备过年，心想，这个镇大，人多，姑娘也多，说不定“夕”要来。他就找镇上的人们商量，说“夕”最怕响声，叫大家天黑了不要睡觉，多找些敲得响的东西守在家里，一有动静就使劲敲，好把

“夕”吓出来除掉。

这天晚上“夕”果然出来了，它刚闯进一户人家就被发现了。这家人马上敲起了盆，这家一敲，整个镇子也跟着敲起来了。“夕”吓得四处乱跑，结果被七郎看见了。七郎放出猎狗去咬它，“夕”就跟七郎和狗打了起来。人们一听外头杀起来了，都拿起东西敲得震天响。这时“夕”有点斗不过，想逃跑了事，哪晓得后腿被猎狗咬着不放。六郎趁机开弓猛射，一箭就把“夕”射死了。

从那以后，人们就把夏历腊月三十叫除夕。这天晚上，家家户户都要守岁，放火炮，表示祛除不祥，迎接幸福祥瑞。

从长江流域的情况来看，除夕的习俗与全国大体差不多。据地方志记载，江苏人在除夕时，祀众神和祖先，换桃符，贴宜春字，裁五色纸为钱及花卉人物等贴于门壁间。各家于门外燃火炉，火焰愈高人愈喜，古称“糁盆”（今燃松柴，讹称“松盆”），寓意来年走火运，兴旺发达。各户在家做十景菜（以酱姜、瓜、胡萝卜、金针菜、木耳、冬笋、白芹、酱油干、百页、面筋等十种原料，细切成丝，用油炒成）、安乐菜（干马齿苋）、如意菜（黄豆芽），炒蚕豆（俗称“炒贼眼”，取炒瞎贼眼之意）。傍晚，合家聚饮，用红枣、福建莲子、荸荠、天生野菱角煮食之，合称“洪福齐天”。家长给小孩“压岁钱”。是夜，全家人围炉守岁，鞭炮声通宵不断。

据光绪《孝感县志》记载，当地在除夕时贴门神和含有各种寓意的画像，如事事如意、必定如意、加官进禄、喜上眉梢、恨福来迟等，贴门联和各种带有喜庆吉利的字。傍晚，喂饱家畜。将水储备充足，以备三日之用；不泼残水，用盆盛。将仓箱匣笼等全都锁好，用神纸封好，俗称“不出财”。北向设供案，将柏树枝、冬青树枝插在两旁，取“长青”之意。还用线穿红枣、银杏、柿饼缀于树枝间，俗称“百事早”。祭灶神，称“接灶”，说是灶神从天上回到了家中。拜祭天

「贴门神」

地、家等，称为“辞年”。然后，全家人在一起聚餐，吃团圆饭。山民多以木柴堆放门外，说是“有柴(财)”。各家围炉守岁，有彻夜不眠者。

又据《宣威县志稿》载，云南宣威在20世纪30年代，除夕日换春联，用色纸印各种号码，俗称“大利市”，上刻利市仙官名号，贴于门间，称为“腰门钱”；刻招财童子等，贴于窗楹。又用招财、利市号码封戳，在出行之时取出，朝喜神方位焚化。傍晚，祭天地与祖先。祭时先将三个拳头大的石头烧红，再加炽炭和松针、柏叶、皂荚等物，淋以清油，火石上烧符，用水或醋淬之，俗称“打醋炭”，谓可避邪祛秽。祭天地时，供品用猪头与蹄，取有头有脚之义；用鱼，取有余之义；用鸡，取雄鸣之义。供品皆俱全，不加宰割。祭祖先时，供品则十分丰盛，如待上宾。祭毕撤供品，用油爆炸。设宴席，全家老少团聚畅饮，谓之吃团年饭。席间，次第敬酌，称“分岁”。吃饭忌泡汤，严禁乱语。儿童向尊长叩头拜年，长辈备钱赠送，谓之“压岁钱”。撤席后，将酒水、汤饭等泼到户外，将香帛插于道，称为“送岁”。是夜，焚香燃烛，事佛达旦。乡间青少年多围炉饮酒，终夜守岁。

以上这些地方志的材料，基本上反映出长江流域的除夕节庆内容。当然，有些内容随着时代的发展而在今天被淘汰，如某些带有浓厚的封建迷信的内容，也有新的内容，如看春节联欢晚会、打麻将守岁等时兴起来。不管怎样，对每个中国人来说，每个除夕节都是一段难忘的记忆。

岁时节庆的变化内涵

长江流域流传至今的节庆活动，是独具特色的民族文化和历史文化的反映，其慎终追远、万物有灵、趋吉避凶、伦理亲情、祈盼丰收等思想内涵，是中华文明的有机组成部分。

慎终追远

（一）开天辟地忆盘古

天地玄黄，宇宙洪荒。
日月盈昃，辰宿列张。
寒来暑往，秋收冬藏。
闰余成岁，律吕调阳……

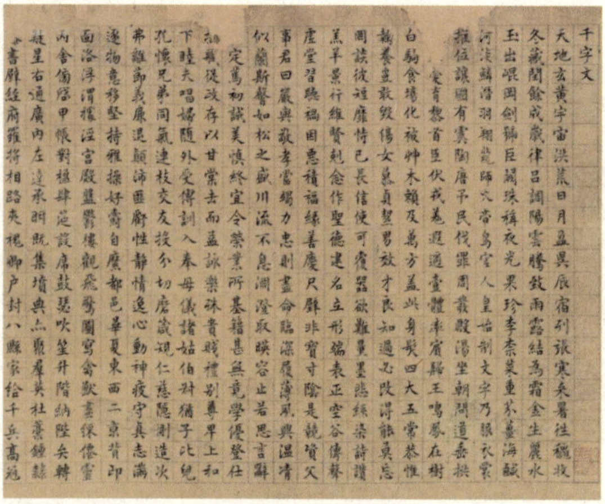

「千字文」

我国古代的启蒙教材《千字文》起始便提出了茫茫宇宙的问题，让人们去思考。宇宙如何诞生？现代人通过高科技手段的研究，认为我们赖以生存的太阳系起源于宇宙星云。但我们的祖宗们不懂得现代科学，他们将探索宇宙的想法，通过推理、想象、幻想而展示出来，这就诞生了中国古代的创世神话——盘古神话。三国时代的徐整在其《三五历纪》中说：“天地混沌如鸡子，盘古生其中，万八千岁，天地开辟，阳清为天，阴浊为地。盘古生其中，一日九变，神于天，圣于地。天日高一丈，地日厚一丈，盘古日长一岁，如此万八千岁。天数极高，地数极深，盘古极长。后乃有三皇。”另有传说，混沌的天地是被盘古顶开的，盘古日长一丈，就将天地顶开了一丈，如此就顶成了现在的天地形状。可见盘古是多么的伟大！盘古是个什么样的形象呢？徐整说：“盘古之君，龙首蛇身，嘘为风雨，吹为雷电，开目为昼，闭目为夜。”茫茫宇宙，因为有了盘古，才有了生气。

任何事物的成功都是要通过牺牲才能获得，盘古神话就塑造了一个“垂死化身”的壮烈形象。《绎史》转引徐整《五运历年记》说：“首生盘古，垂死化身；气成风云，声为雷霆，左眼为日，右眼为月，四肢五体为四极五岳，血液为江河，筋脉为地里，肥肉为田土，发髭为星辰，皮毛为草木，齿骨为金石，精髓为珠玉，汗流为雨泽，身之诸虫，因风所感，化为黎氓。”宇宙万物与人类，都是因为盘古的牺牲而出现的，也就顺理成章了。

「盘古」

徐整笔下的盘古形象虽然是在三国时才润色出现的，但盘古神话的源头却肯定要早得多。窃以为，我国北方有三皇五帝的传说，我国南方则有盘古的传说，盘古源于古代南方的百越民族。其理由在于：北方早早地就有了炎黄部落，早早地就统一了，因而将创世神话早早地定格在三皇五帝身上，并见诸先秦文献。而南方在秦始皇之前尚为互不统属的百越诸部落，且无本民族的文字，因而他们的盘古创世神话仅在口头流传，并且也难以被北方的文士们所注意，故而见诸文献也较晚。

其次，在民俗学资料中，南方民族流传的许多创世神话与盘古神话都有类似之处。如苗族传说：宇宙中最初只有云雾，云雾像孵蛋样孵出两只巨鸟，巨鸟再孵出天地万物。彝族传说：宇宙是黑埃罗波赛神生的一个蛋，蛋中有天、地、日、月、星、辰、云、雾、风、雨、粮食、人。这蛋有三层，蛋皮为天，蛋白为日月星辰，蛋黄为地。纳西族传说：天地混沌未分，先出现声与气，声气相交，变为善恶二神。善神下一白蛋，白蛋生一神鸡，神鸡又下九对白蛋，孵出天地万物一切善神；恶神下一黑蛋，黑蛋生一黑鸡，黑鸡也下了九对黑蛋，孵出世间一切妖魔鬼怪。壮族传说：从前天地不分，宇宙中旋转着一团大气。大气越转越快，最后变为一蛋。这蛋后来爆裂为三片，一片飞到天边成为天空，一片掉在地下成为海洋，中间一片成为大地。这些传说与盘古神话的共同之处在于，宇宙都是由卵型变化而来的。传说虽未提到盘古，但在民歌中就明白无误地道出了盘古。如流传至今的壮族《盘古歌》唱道：

盘古造天地，划成许多州，
又造山河流，造瓶来装水。
盘古造天地，分山地平原，
开辟三岔路，四处有路通。
盘古造天地，造太阳星辰，
因为有盘古，我们才得光亮。

又如畲族的《高皇歌》中也唱道：

盘古置立三皇帝，造天造地造人世。
造出黄河九曲水，造出日月转东西。
造出田地分人耕，造出大路给人行。
造出皇帝管天下，置立人名几样姓。

或许徐整当时就了解到南方民族的盘古神话，或许徐整是将南方民族的传说与民歌糅合加工为盘古神话，不管怎样，盘古神话绝不是凭空杜撰出来的。

再次，北方有黄帝陵，而南方则有盘古神坛和盘王墟。盘古神坛在广东花县，建于清嘉庆年间，位于花县北狮岭区盘古皇山麓。崇拜者的成分可以有变化，建筑的时间可以有早晚，但山川河流的名称，可以说是变化最小，最为固定的。因此，源于盘古神话的盘古皇山是很能说明问题的。

「盘古神坛」

另外，南方的瑶族、苗族、畲族所崇拜的盘王，在传说内容上与盘古神话有所不同，但盘王的名称盘瓠与盘古有一定的联系，一则都属于南方民族的崇拜对象，二则“瓠”与“古”之音相近，三则二者最初见于文献记载的时间相近。因此，民族史学家认为，盘古与盘瓠是同一的，盘古源于盘瓠，古为瓠的音转。《古今图书集成·职方典·柳州风俗》记载说：“诸蛮种类不一，皆古部之种也。相传南越王有犬名瓠，王被擒。其国母传令：有能脱王归者，当以女妻之。瓠闻言，欣然往，窃负而逃，遂妻以女。瓠约诸岩谷间，与之交媾，生子数人：曰猺、曰獞、曰獠、曰狑、曰狪，各成一族，自为部落，不相往来，故猺人多姓，嫌犬父不雅，改为盘，且冒称盘古后。因瓠字音相近而假托之。”这段记载虽有不妥之处，但起码较明确地解释了盘瓠与盘古的关系。

徐整之所以将盘瓠写成盘古，也许当时的南方民族就有这种称呼的改变，若非如此，则除了文人用汉字译音的不同外，窃以为徐整也许还有另外的考虑。第一，既然写的是开天辟地的创世神话，用“古”字作人名比“瓠”字要典雅、贴切得多，而且更容易使人发思古之幽情；第二，“瓠”为南方蛮族的人名，盘瓠为犬，尚不懂得图腾崇拜学说的徐整可能不太情愿将犬作为开天辟地的英雄来描写；第三，盘古造天地的神话后来被汉族普遍接受，“自从盘古开天地，三皇五帝到如今”的俗语便可证明这一点，但盘瓠的传说却并未被汉族人所普遍认可，这可能就是古与瓠一字之差的结果。

弄清了盘古的来龙去脉，对有关盘古的节庆就容易理解了。盘古神坛所在地的广东花县，将每年的农历八月十二日定为盘古的诞生日，举行盘古皇诞的节日庆典。盘古神坛内供奉着盘古皇的塑像，坛前有华表、石狮各一对。山腰有一座山亭，左侧有两块巨石，相距尺许，中间夹有一石，状若香炉，上刻“盘古石”三字，相传是盘古皇栖息之所。山亭右侧有一巨石，上刻“龙口泉”三字，石下泉水淙淙，相传此泉水能治百病，被称之为“圣水”。举行盘皇诞庆典时，神坛张灯结彩，焚香燃烛，供牢礼设祭。数以万计的海内外人士届时叩拜进香，以祈神佑。拜祭完毕，人们争相到龙口泉装“圣水”而归。

「盘古节祭祀礼仪图」

湖南、贵州的一些瑶族居民区，每年都要过盘古王节，在名称上又有跳盘王、做盘王、还盘王愿、瑶年、达努节、二九节、祖娘节等说法，在时间上也各不统一，这正与先秦时百越各族系互不统属相关联。过盘古王节时，各家各户杀猪宰羊酿甜酒，走村串寨访亲友。各村寨在寨前摆歌台，各家带来酒肉等饮食，堆放在一起，合伙聚餐，载歌载舞。快乐的人们唱山歌，跳铜鼓舞和长鼓舞，吹芦笙，吹唢呐，斗鸡，打拳。跳铜鼓舞时，每次出场两男一女。一男敲着铜鼓并表演传统的瑶族舞蹈，一男在侧面敲鼓伴奏。女的手拿两顶帽子，手舞足蹈，在鼓手后面为他做着扇凉的舞姿，两人互相配合表演。当鼓点加快，动作迅速时，周围群众的掌声、喝彩声不绝。各组都表演完后，人们争先向最佳的鼓手敬酒祝贺，并誉为“鼓王”。

在祭祖盘王的盛典上所跳的这些舞蹈，大概是在向创世神展示后人普通而幸福的生活，让盘王见之心喜，更尽心地保佑后人，这也是祭典盘王的初衷所在。

(二)宗族繁衍祭祖先

在我国的节庆中，并无名副其实的祭祖节。这并非说中国人不尊重祖先，而是因为中国人太尊祖了，以致无法将祭祖节固定在哪个日子。从古至今，我国各族人民都有十分浓厚的尊祖观念。在几万年前的北京山顶洞人遗址里出土有一男二女的三具遗骨化石，他们的尸骨上布有赤铁矿的粉粒，随葬有燧石石器、石珠和穿孔兽牙等装饰品。从红色粉粒和随葬品看，当时的人们已经有了原始的宗教观念。如此的葬法反映了时人对死者的尊重，而对老年死者的如此尊重，已经具有了祖先崇拜的意义。

在夏、商、周时，人们对炎黄五帝、尧舜禹、商汤、周文王、周武王的崇拜与祭祀，实际上就是一种祖先崇拜，是尊祖的表现。据《尚书·盘庚中》记载，盘庚搬迁都城于殷时，曾对属于统治阶层的“百姓”和属于被统治阶层的“畜民”分别训话。他对“百姓”说，你们的祖先立过功劳，商王大祭祖先时，你们的祖先也配享先王。他对“畜民”恫吓说，如果你们胆敢有反抗的念头，你们的祖先就会在天上请求我的先王，严厉地惩罚你们。我们抛开别的不谈，从盘庚的训话中，我们可以看出，商人十分讲究祭祀祖先，祖先在天上，具有神灵的力量，人们对祖先是非常的崇敬与敬畏。

周朝宣扬天命观，注重敬祭祖先。出于这种需要，周人非常重视宗庙的营建。营建宫室时，首先考虑祭祖的宗庙，其次是厩库，最后建居室。据《礼记·王制》载：“天子诸侯宗庙之祭，春曰礿，夏曰禘，秋曰尝，冬曰烝。”可见周人制定了非常严格的祭祖制度，春夏秋冬都包括了。如此频繁的祭祖若说不尊祖，那就无法解释了。据《国语·楚语下》载：“是以先王之祀也，以一纯、二精、三牲、四时、五色、六律、七事、八种、九祭、十日、十二辰以致之。”可见周人对祭祖的要求相当高。又曰：“古者先王日祭、月享、时类、岁祀。”韦昭注曰：“日祭于祖、考，月荐于曾、高，时类及二祧，岁祀于坛。”由此可见，周人每天都要祭祀已故父母和祖父母，每月要祭祀曾祖父母和高祖父母，每季要祭祀一次远祖和包括父母在内的四代祖先，每年要在郊坛大祭一次所有的祖先。如此严格而频繁的祭祖，正好说明了周人的祖先崇拜和尊祖心理。若说祭祖节，则周人每年的郊坛大祭大概可以算得上。

孔子在《论语·为政》中解释孝的含义云：“生，事之以礼；死，葬之以礼，祭之以礼。”《孟子·离娄上》也曰：“仁之实，事亲是也。”“不顺乎亲，不可以为子。”儒家思想将孝与尊祖紧密地联系在一起，使前人的尊祖行为具有了思想理论基础。在“罢黜百家，独尊儒术”之后，儒家思想占据了整个封建社会的思想统治地位，使得尊祖观念更加深入人心，落实于行动。三国时的魏律规定：“但以言语及犯宗庙园陵，谓之大逆无道，要斩。”隋唐王朝制订法律时，就将“不孝”列为“十恶”之一，谁犯了不孝之罪，便处以极刑。天子的陵寝，他人的祖坟，一草一木都不得乱动，谁动了都是死罪难逃。封建统治者如此张扬其事，其目的是为了巩固父权家长制的地位，维护封

「孔子」

建的族权。“正家而后天下定”，“君子之事亲孝，故忠可移于君”，在家孝敬父母、尊敬祖先，在国就可以忠君，因为皇帝是天下人的共主，是天下家庭的共父。这样就可巩固皇权，维护封建的统治地位。尊祖既然有如此的功效，祖先崇拜长盛不衰，也就可以理解了。

天子日、月、季、年敬祭祖先，老百姓当然不可能有如此的闲心，他们就将尊祖融入节庆之中，在美时佳节里祭典祖先。从长江流域的情况看，至今也是如此。据地方志记载：云南昭通地区户户人人都知道尊祖祀先，不论贫富，其家必供祖先祀主。俗以新年、清明、十月上坟，是为墓祭。设供品为家，俱焚香纸献肴。有钱人家每逢祖先之殁日，必备酒肴供祭，并召亲友共享。

湖南郴州地区的祀先之礼，主要在祠堂举行。一村有一祠，或同族数村合建宗祠。祠有祭田，供祭祀之费。届时，族人合祭祖先。每年清明扫墓时，先在祠里致祭，扫墓后再回到祠堂吃酒肴，谓之“吃清明酒”。冬至时，也如此，谓之“冬至会”。也有的在春社、清明前后举行墓祭者，敲锣打鼓，整道上坟，俗称“春挂”。也有在农历九、十月墓祭者，俗称“冬挂”，此为祭祀较远的祖先，数村或数房约期举行，或者隔几年举行一次。此为集体行动，各个家庭在年节和尝新谷时，第一份美食必先供祭给祖先，早晚献祭。

「宗族祠堂」

安徽凤阳的祭祖祀先，在清明、七月望、十月朔祭于墓，端午、中秋、除夕祭于家。墓祭时，主祭者为宗子（亦有本墓之后裔为主祭者），赞仪者穿礼服，子孙皆随从。仪仗有鼓吹旗章，旗章用族中曾经显达者为光荣。焚纸钱于墓前，插柳于墓上。祭于祠者，由大赞、引赞唱导，三省三献，皆有规矩。推主祭者为宗子，他人虽显贵亦不得僭任。其余年节祭于家，祭品与仪式随各家而定。

既然我国的节庆那么多，为何不挑一个日子定为全国性的祭祖节呢？

第一，时间限制。祭祖宗既是一种宗教观念，又带有强烈的功利色彩，人们对自己的父祖辈有较深的感情，而对未见过面的先人则未必是发自内心的感戴，因而对高祖以上的先人在感情上会大打折扣。再说祭祖一般是选择诞辰或忌日最有意义，若统一祭祖则未必有时间上的理由与意义。

第二，祖宗限制。统一祭祖时间，一般只有天下的共主才可以办得到，但在奴隶社会、封建社会里也都未如此统一过。因为在那时，参与祭祖也是一种权利，是等级名分的表现，若非宗人是不得踏入宗庙的。即使某个王朝将自己祖先的某个诞辰或忌日定为全国性的祭祖节，一旦革姓受命，新的王朝就决不会认可前朝的祭祖节，不挖他的祖坟就算对得起了。

第三，民族限制。作为多民族的国家，每个民族都有自己值得祭祀的先人，此民族的祭祖节未必符合彼民族的祭祖节，既然不能统一，当然就没有必要设立共同的祭祖节。

第四，地域限制。百里不同风，千里不同俗，即使是同一民族，也会因地域的关系而导致节庆的不一。如崇奉盘瓠的瑶族，各地祭祖盘瓠的时间就并不一致，桂北、湖南、粤北的瑶族多在农历十月中旬至春节期间过盘王节，广西恭城、阳朔、平乐的瑶族在农历二月初二、六月二十三、十二月二十八举行盘王墟活动，广西的布努瑶和贵州某些地方的瑶族在农历五月二十九过盘古王节。不同地方的同一民族尚且如此，不同民族间更是可想而知了。

所以，祭祖便是各自为政了。贵州黔西、普定等县的仡佬族有自己的祭祖节，时间一般定在农历三月三，也有在六月六、八月十五举行的。是日祭神树，举行悼念祖先的活动，由推选出来的头人负责操办。早晨，全寨妇女和小孩不准出门，头人杀猪和鸡，男人们也来帮忙。祭祖时用 10 个碗和 6 双筷，代表着 6 位先人。将一碗五谷饭和猪、鸡、一盅牛角酒、一缸花椒茶等供献于神树前。点香烛，焚纸钱，放鞭炮，头人念祭文，求祖先保佑全寨人畜平安、丰衣足食。祭毕，十人一伙围着畅饮，剩余的肉菜平分各家带回。

按现在全国的习俗来看，清明节大概可以称得上是共同的祭祖节了。每到清明节时，各处公墓人满为患，交通堵塞；各处坟上鞭炮不断，香火缭绕。交通系统还专门开辟“扫墓专线车”，为扫墓者提供方便。而这种情况除了清明节外，其他的任何节日都是见不到的，在全国各地都大体相同。因此，现在的清明节成了真正意义上的祭祖。

万物有灵

(一)崇拜动物的节日

「故宫太和殿前龙浮雕」

世上本无龙，而中国人都说自己是龙的传人，这就涉及动物崇拜的问题了。

动物与人是休戚与共的关系，对这一点，我们的先人有较清楚的认识。《白虎通》曰："古之人民皆食禽兽肉。至于神农，人民众多，禽兽不足，于是神农因天之时，分地之利，制耒耜、教民农耕。"战争、国家也是因争食而导致的。

古人生产力低下，他们惟有群居、依靠群体的力量才能求得生存。他们对大自然中的各种猛兽毒蛇心存畏惧，但想象自己如果有毒蛇猛兽般的力量多好，因而产生出动物崇拜的心理。由此幻想自己与某种所敬畏的动物有血缘关系，就将所敬畏的动物予以崇拜，并将它作为本民族的象征，这就成了图腾崇拜。

长江流域的古人害怕无处不在的各种蛇。大到蟒蛇，小到蝰蛇，都可致人以死命。但打草惊蛇，蛇又会主动回避，这似乎表明，死于蛇吻的都是该死之人，不该死的人蛇不会咬。于是人们希冀与蛇亲近，与蛇有血缘关系，便崇拜蛇，以蛇为自己的图腾物。起初的图腾物也许是某种较具体的蛇，随着知识的积累和自身能力的提高，人们对具体的蛇的畏惧心理逐渐减弱，人们不甘心自己所崇拜的对象仅有如此能力，他们希望崇拜物具有超乎于人的强大神力，因而对崇拜物逐步美化，由具体的蛇演变为能够上天入地、呼风布雨的“龙”了。如《山海经·中次二经》载：“阳水出焉，而北流注于伊水，其中多化蛇，其状如人面而豺身，鸟翼而蛇行，其音如叱呼，见则其邑大水。”如此之蛇当然已不是具体的蛇了，而是融入了想象成分的蛇，其形体、能力已超乎普通之蛇，具有一定的神力了。又如《唐书》载：“先天中，明皇以旱亲往龙首池祈祷，有赤蛇自池中而出，应时澍雨。”在古人的想象中，蛇与龙就是如此的关系。因此，由蛇之类的动物演化而来的“龙”图腾很早就诞生于长江流域了。

“龙”形成后，人们进一步的想象、附会，龙就成了主宰人间万物的威力无比的神物。其形象一般为蛇头、蛇颈，有角、有须、有爪、有鳞，身为巨蟒，能腾能飞。其行为能幽能明，能细能巨，能短能长，春分而登天，秋分而潜渊。其种类有鳞曰蛟龙，有翼曰应龙，有角曰虬龙，无角曰螭。人们对之崇拜、祈祷，由此就形成了“龙王节”的节俗。

贵州望谟、册亨一带的布依族在每年农历六月初六时过“龙王节”。据乾隆《南笼府志》载：“六月六日，栽秧已毕，其宰分食，如三月然，呼为六月丌，汉语曰过六月六也。其用意无非禳灾祈福，预祝五谷丰盛。”过节的这一天，各家包粽粑、杀猪、宰羊、杀鸡，准备丰盛的酒肴食物，亲友间互相宴请，吃喝谈心。青年男女穿盛装，成群结队，唱歌玩乐寻找伴侣。关于龙王节的来历，传说在人类早期，布依族的始祖盘古会种植水稻，但他形单影只较孤单。后来他结识了海龙王之女，二人结为夫妻，生下一子名新横，替盘古耕作，提高了种植水稻的技术。过了好些年，盘古于六月初六去世。为了纪念他发明水稻种植的技术，布依族人便在每年的六月初六杀猪宰羊过节，祭祀祖先盘古。这个节日实则为与龙王相关的预祝丰收的农祀节日，因而称龙王节而不称盘王节，也是有一定道理的。

藏族同胞也信仰龙神，龙神掌水界，掌握着人世间的福祸吉凶。据传说，拉萨在很早以前是一个非常大的湖泊。那时，在每年的藏历四月十五日，人们将一个属虎的小孩扔到湖中央（即今天的龙王潭）作为龙王爷的供品。后来，一个名叫果卡的国王统治了拉萨，有一年，他命令手下人去找个属虎的小孩准备祭龙。大臣们四处寻找，得知大喇嘛勒巴罗殊身边有一个名叫布穷顿珠的小弟子是属虎的，他们便按照国王的旨意将小孩带到了王宫。四月十五日那天，国王按以往的风俗把布穷顿珠扔到了湖中做龙王的供品。过了很长的一段时间，布穷顿珠却突然来到了国王的面前，请求国王将心爱的公主嫁给他为妻。国王看到活得好好的布穷顿珠，既惊奇又不知所措，以为他是个神或变成了神，就将公主嫁给他。从此以后，果卡国王颁布新法令：不再把属虎的孩子扔到湖中做龙王的供品，而用上等食物做成供品祭祀龙王。

另外的传说是，龙王潭里有龙王，龙王曾对修建举世闻名的布达拉宫立过功劳。为了纪念龙王的大功，人们就在龙王潭修建了一座寺庙，名为“鲁康”，寺庙里供有龙王像、释迦牟尼像。每年藏历的四月十五日，人们将上等的供品扔进潭内感谢龙王，祭奠龙王。久而久之相沿成习，就形成了祭龙王节。

「布达拉宫」

不管哪种说法，都与崇拜、供奉龙王相关。原西藏地方政府的官员，在每年藏历的四月十五日，都要来到龙王潭举行投放供品的祭祀。祭毕，他们乘上牛皮船在龙王潭游玩，百姓们也在这天穿着节日的盛装观看祭祀，并参加游乐活动。

云南纳西族每年举行龙王庙会，又称“祭龙会”或“黑龙潭会”，这是由原始的宗教性龙崇拜祭祀仪式发展而来的。清乾隆时在丽江黑龙潭建有龙神洞，便形成了从农历三月十五日起、历时数天的祭龙王庙会。是时，东巴（巫师）亲自主持，念诵《祭龙王经》，作祭龙王的道场。是年结婚的新媳妇须请亲朋好友前来赴会，看戏娱乐，并备瓜子茶点款待。庙会期间还有各种土特商品的交易活动，并有戏曲、歌舞、赛马等各种娱乐活动。

汉族也接受了龙，并且一向将龙作为民族的象征，还将龙作为图腾、神物予以崇拜。在汉族城乡，旧时龙王庙到处可见，庙中供奉着龙王爷。每逢元宵佳节，城乡民众都要舞龙灯、舞龙舟祈丰年保平安，端午节则举行赛龙舟的比赛。我国最负盛名的北京大学和清华大学每年七月底都要举行两校间的龙舟竞赛，用龙的精神激励国人和学子奋发图强、科技兴国。旧时每遇旱灾，民间就举行祭龙、舞龙的祈雨禳灾活动。中国历代的封建统治者都将龙作为皇权的象征或皇室的标志，每个帝王都自命为“龙”，自称“真龙天子”，皇子皇孙也称“龙子龙孙”。帝王的日常生活也与龙密切相关，使用的器物以龙为装饰，有龙床、龙榻、龙椅、龙舆、龙舟、龙头杖等；居住处有龙柱、龙阶等；所穿的服装称龙袍，帝王的脸面称龙颜，帝王的大印称龙印，等等。直到今天，龙的传人仍将龙奉为吉祥物，作为民族腾飞的象征。至于纪念币、贺年卡、工艺品、日常用品，也都少不了龙的形象，与龙的传人名副其实。

「龙王阁」

牛这个动物，吃的是草，出的是力，挤的是奶，对人类的贡献实在是太大了，因而我们的先人对牛也是非常崇拜的。许多民族都专门设立了节日来犒劳牛。贵州黔南苗族在每年农历的十月一日庆贺牛王节。是日，家家户户杀鸡打粑粑，并备香纸、酒肴、鸡肉等在牛棚边祭牛王，并让牛休息一天。清早用米粑或糯米饭搅拌饲料喂牛，又拿两块粑粑挂在牛角上，用酒抹牛鼻子，以示慰劳。广西壮族各地过牛魂节的日子在农历四月初八或五月初七、六月初六、七月初七等日子，贵州布依族有的在四月初八过牛王节，贵州仡佬族在十月初一庆贺牛神节，或称“敬牛王菩萨”、“祭牛王”。这些日期的牛王节都还伴有各种神奇的传说，说明了敬牛王的理由。

「牛王节」

汉族也崇拜牛，各地都建有牛王庙，在农历六月初八举行牛王会。民间相传是日为牛王诞辰，故在这一天赶会祭祀。乡民备香烛前往牛王庙，焚香燃烛，祭祀和酬谢牛王，并祈求牛王的保佑。有的地方届时请戏班戏娱牛王，其费用由向牛王还愿者承担。直到今天，“老黄牛”的精神仍是大家努力工作的动力之一。

在中华各民族的节日中，还有祭羊节、祭鸡节、祭熊节、祭田鼠、祭白虎、祭鸟节、祭虫王、祭竹鼠、祭蚕神、祭蛇神等，都属于动物崇拜的范畴。

(二)崇拜植物的节日

世界上的每个古老民族都存在植物崇拜，中国各民族历史悠久，当然更不会例外。作为一个农业国的农业民族，长江流域的各族人民都对稻谷十分崇拜，形成了与稻谷相关的节日，如禾苗节、祭谷魂、祭稻田等。

「 农作物大丰收 」

贵州安顺、平坝、普定、镇宁等地的仡佬族群众，在每年农历六月初六时，举行“禾苗节”的庆祝活动，又称“秧苗节”、“娃娃坡”。每到这一天，以村寨为单位，共同出资购买猪、鸡、酒等饮食品，到田坝里宰杀祭祀。各户还带上红白纸旗插在田里。通过这种方式纪念祖先开荒种田的功绩，并祈求祖先和神灵保佑，使全寨没有天灾人祸，获得五谷丰登、子孙幸福。祭毕，全寨聚餐。

云南勐海地区的布朗族认为谷物有灵魂，因而在田间管理和收获时都要举行“祭谷魂”的仪式。认为这样才能保证粮食丰收，使大家有粮吃。布朗族“祭谷魂”的仪式主要有三次：第一次是在谷子长到半尺高时举行，由召曼（头人）通知各户交一只鸡、一斤米作祭品，请佛爷到田里念经，给谷子“滴水”，并杀鸡祭献，请求“谷魂”保佑谷苗茁壮成长，多产粮食。第二次在收割时举行，届时全家族成员都要集中到族长家里，由族长杀只鸡，煮几筒米饭祭“谷魂”。祭祀活动必须悄悄地进行，不能“惊动”家族鬼。然后再到田里“滴水”，祈求“谷魂”回到田里，保佑丰收。祭礼仪式结束后，大家才能开镰收割。第三次在打谷前进行，因为据说打谷会惊吓“谷魂”，所以要请佛爷择吉日祭祀。届时，各家准备丰盛的饭菜作祭品，请佛爷念经、滴水。如此祭后，才可以多打出谷子，运储时也可以少损耗一些。

以前，四川的汉族人因谷、蚕为人们提供了食物和衣着，就敬奉谷父蚕母。每到除夕夜，当地农家扎席为棚，陈设案桌，供以天地十方诸神之位和谷父蚕母之神位，献以枣糕果品，燃香点烛祭之，以祈来年人丁兴旺，五谷蚕事大丰收。

浙江西部部分地区的人将农历三月十六日认为是“麦王生日”，此日若晴则麦子将会丰收。此后连续是晴，则麦子黄得快，收成定然好。这种风俗也是植物崇拜的一种形式。

人们除了崇拜赖以生存的粮食作物外，还崇拜其他的一些植物。如浙江西部的山民要祭树神，在每年的农历八月，山民要上山伐树。在砍伐成片的树木之前，他们要首先选择一棵最大最粗的树进行祭拜。祭时，伐木者将工具放在树下，再点香烧纸钱，还要在树周围遍洒鸡血和米，祈求树神退避，以免斧伤神身。祭后，开第一斧的人不能说话，砍后要向树神三跪三拜，仍将斧头放回树下，转身回家休息。等预定的树木全部伐完后，才能取回这把斧头。在砍伐较大的树木时，除了祭礼以外，伐前还要用墨汁在树身上定一个点，弹三条墨线，使树神不能作祟。因为倒下时压在谁的身上都会有生命危险。祭拜后，伐木者也不说话，把斧头垫坐在树下，直到听到鸟叫，或者碰到过路人问：“你们坐在这里干什么？”伐木者就指一下所带的工具。问者若说：“那你们还不动手？”这时，大家才起身动手砍树。他们认为，只有这样树神才不会怪罪他们。如此小心翼翼地崇拜树神，乃因伐木是一项相当艰苦而危险的工作。

「祭树神」

云南鹤庆的白族在每年立春前的“蛇日”要举行“插柳节”活动。节日这一天，各村寨男女汇聚在附近的河边插柳。先由村寨里的两位长者率领众人边歌边舞，每舞12步，将手中的柳枝插一枝。仪式过后，村民们就开始有说有笑地比赛插柳，直到把事先准备好的柳枝全部种植完，人们才在悠扬的歌声中欢笑地返回。

鹤庆的白族群众在农历八月十六日时，还要过“果子节”。过节时，家家准备酒肴，设宴待客。中午，人们端着月饼，吹着唢呐，唱着山歌，到果园去祭供百花仙姑。祭毕，人们在果园里唱歌跳舞，尽情娱乐，直到月亮升起时才回家。据说，白族先民原不知道种植果木，有一年的八月十六日，天上的百花仙姑下凡，教人们学会了栽培果树，当地人才吃上了各种水果。为了纪念百花仙姑，人们就定下了这个节日。百花仙姑自然是各种花卉果树的化身，祭百花仙也属于植物崇拜的范畴。

插花节，亦称“马樱花节”，这是云南楚雄等地彝族人民的传统节日，时间为农历二月初八日。是日，人们从山上采来鲜红的马樱花、杜鹃花、山茶花等，挂在门上，插在田边地头、房前畜厩，祝福人畜兴旺，五谷丰登。

彝族人认为，红艳艳的鲜花代表着吉祥和幸福。因此，将鲜花插在老人头上能健康长寿，插在小孩头上能茁壮成长，插在情侣的头上能相亲相爱。在这一天，青年们穿着节日礼服，头插鲜花，携带丰盛的酒肴，到开满鲜花的草坪或山上，尽情地吹奏唢呐、芦笙、月琴，男女青年对歌跳舞，还互赠鲜花，表露自己的爱慕之情。插花节表达了彝族人民对花的热爱，对幸福美好生活的向往和追求。

「彝族插花节」

云南富民、武定的彝族人民认为，松树象征着家庭的人丁兴旺，因而在每年除夕日的清晨要举行“栽松树节”的活动。除夕清早，各家都要在庭院中栽松树，并在树干上贴红符，上书

“松柏长青春不老”。然后在松树上放一把捆扎好的松毛，以后早、晚在松毛上插三炷香。移栽到庭院的松树非常讲究，先要选择松枝在 3~5 层、每层的枝杈为 4~5 条的好苗子。树选好后，由两人扶着，一人将其根部刨开，既不能碰伤一根枝杈，也不能碰落一个松球，更不能让树倒下。刨出来后，用山土包住根部，再移栽。栽于庭院后，要早晚浇水，让其茁壮成长。松树象征着人的生命，可见人们对它是多么的崇拜。

浙江金华一带的汉族人早就形成了传统的植树节，时间为正月十八或正月二十，正如俗谚云：“正月二十植树苗，棒槌入土也发芽。”永康居民在新春时节都要在路边、塘边和房前屋后插几根柳枝，俗称“标春”。衢阳居民多植杉木，植树的时候由小孩呼喊：“千种千活，百种百活。”种枇杷树时不论雨晴，都要头戴斗笠遮脸，身披蓑衣遮身。种棕树时，人们都得跪着种，因为人们认为，棕树长大后每月都要挨上一刀并被剥一次皮，故而跪着种以示还情。这些习俗均表现了人们崇拜植物的心理。

现在，人们对植物的作用认识得更清楚了，我们更应该爱护植物，让世界充满绿色。

趋吉避凶

(一)避凶的祭鬼节

世界各国都有关于鬼的传说、禁忌、祭祀的观念和行为。在数千年奴隶制度、封建制度统治下的中国人，更是谈鬼色变，避之唯恐不及。那么世界上究竟有没有鬼呢？其实，中国古代的无神论斗士早就回答了这个问题，东汉思想家王充在其《论衡》中一针见血地指出：“世谓死人为鬼，有知，能害人。试以物类验之，死人不为鬼，无知，不能害人。何以验之？验之以物。人，物也；物，亦物也。物死不为鬼，人死何故独能为鬼？”“人之所以生者，精气也，死而精气灭。能为精气者，血脉也，人死血脉竭，竭而精气灭，灭而形体朽，朽而成灰土，何用为鬼？”公元 1 世纪的人能有如此见地，实在令人佩服。现代科学也证明，世界上根本就没有鬼。

既然世上无鬼，鬼又是从哪儿来的呢？是在人类愚昧的时代，从人们的头脑中幻想出来的。蒙昧时代的原始人无法理解人的死亡。在他们的万物有灵的头脑中，以为人虽死了但灵魂仍在，人死了后的灵魂还会有另外的一种生活、另外的一个世界，这是一个活人去不了、看不见、摸不着的世界，于是恍恍惚惚地就臆造出了一个鬼世界。古人征服自然的能力有限，再加上统治者大力提倡“天命观”，于是鬼的概念就逐渐形成，什么牛头马面、无常鬼、十殿阎罗、拘命鬼就纷纷出笼了，搅得满世界的活人不得安宁。

韩非子在其《内储说》中曾讲了一则故事：燕人李季好远游，不耐寂寞的妻子就与一个读书人私通。有一天，李季突然回来，将读书人堵在了里间。妻子既忧且怕，婢妇献计说：“让公子裸体解发径直出去，我们都装作没看见。”于是公子从其计，放胆直走出门。季问：“这是谁呀？”家人都说没看见外人。季说：“莫非我看见了鬼？”家人都说：“那大概是的。”如此就蒙骗过关了。李季的可笑处，正是所有信鬼者的愚蠢。由此可见，鬼是人为的观念，并非真实的存在，谁要是信鬼那才是真正地“见了鬼”。

「韩非子」

但在全社会科学知识极为贫乏的古代，不信鬼的毕竟太少了，再加上有些人装神弄鬼，于是鬼的世界就越来越庞杂了，什么丰都鬼城，什么地狱十八层，什么坏鬼、好鬼、女鬼、水鬼、吊颈鬼、短命鬼就都编造出来了，因而就出现了活人怕死人、活人祭死鬼的现象。

我国古代的祭鬼节相当多，较主要的有除夕、初一祭祖宗鬼，上元节祭鬼，清明节祭祖先鬼，浴佛节祭鬼，端午节祭英雄鬼，中元节祭鬼，下元节祭鬼等。在今天仍存有的祭鬼节主要为清明节和中元节。

「清时祭祖扫墓图」

清明节又称鬼节、冥节、寒食节、死人节、聪明节，清明节主要是祭祖扫墓。如前所述，祭祖多在家里和宗祠中进行，方式为供奉祭品，焚香叩头，分享酒肴。扫墓也称祭墓，《周礼》载："凡祭墓，为尸"，尸即神主。人们为墓主烧香燃烛、上供焚纸钱，为坟堆除草培土或修坟立碑。民间迷信认为，坟地是死者的世界，他们在此按另一种生活方式劳作生息、衣食住行。而坟墓就是死者的房屋，坟堆则是屋顶，屋顶往往漏雨，所以每年都要用除草培土的方式予以修缮。祭完亲人的坟墓后，也要给"左坟右墓"的邻居鬼上点供，算是有福同享、有事照应的公关行为。

中元节完全是个祭鬼节，一切活动内容都是围绕着鬼进行的，详见前述。三峡地区的民间有"年小月半大，鬼神也歇三天架"之说，也有在农历七月十五日过"月半"祭祖先的习俗。各家烧"包袱"（纸钱）祭祖先，"包袱"上写有已故长辈的姓名；如"故显考某某大人供用"字样。住水边的人家要做水陆道场（由和尚、道士主持的大型祭祀活动），还要在流动的河水中放一种用各色纸做的形如荷花的"河灯"（亦称"荷灯"），超度各种亡灵。

人们在祭鬼节如此拜祭，一方面是受灵魂不灭的思想影响，通过祭拜而谀媚，以免恶鬼作祟，保得一方"清洁"；另一方面是出于悼念亲人的心理，希望亲人在另一个世界里"翻身解放"，过上阳世所没有享受到的好日子。

谁都没有见过鬼，但凡道听途说而已，却又怕鬼作祟，心自不安。如孔子曰："敬鬼神而远之"，"子不语怪、力、乱、神。"就是较典型的一种心理。人们疑神疑鬼，干脆就想出一些驱鬼避邪的方法，以求得心理的平衡。其方式有：

第一，敬鬼祭鬼。在祭鬼节祭鬼，在遇到不明不白的病痛时祭鬼，在不顺心时祭鬼，这算是一种赎买策略。

第二，冀好鬼惩恶鬼。有恶就有善，为了对付恶鬼，人们又编造出了一些专治恶鬼的好鬼，如隋代大将韩擒虎，宋代功臣寇准、范仲淹、包拯合称“四大阎罗”，他们生前受百姓爱戴，死后百姓就让他们当阎罗，惩罚恶鬼，为屈死的人洗冤。唐朝时塑造出来的钟馗形象，包括嫁妹、饮宴、夜猎、出游等故事，就是一个好鬼捉恶鬼、吃恶鬼的典型。

第三，向鬼进攻。鬼是人造的，人也造得出对付鬼的方式。以前，在村寨街巷的入口处和房门前，人们往往树一块高三尺左右的石碑，上刻“石敢当”或“泰山石敢当”几个字，意在镇鬼避邪。石敢当的传说在东汉时就见于记载了，宋代的《舆地纪胜》记载说：“庆历中，张纬宰蒲田，再新县治，得一石铭，其文曰：石敢当，镇百鬼，压灾殃，官吏福，百姓康，风教盛，礼乐张。”铭文就说明了石敢当的作用，据传说泰山一带的石敢当是专门跟鬼作斗争的人，专门替人驱邪消灾，鬼见鬼怕，鬼听了他的名字就吓得远远躲开。

传说宝镜可以照鬼驱邪，只要用镜子一照，什么鬼都跑得远远的。伟大的医学家李时珍居然在《本草纲目》中也提到了镜子可以防鬼驱魔：“镜乃金水之精，内明外暗。古镜如古剑，若有神明，故能辟邪魅忤恶。凡人家直悬大镜，可避邪魅。”在农村的一些丧俗中，有的人家出丧后就在门楣上挂一面镜子，以防止恶鬼进来作祟。本人在贵州黔东南州就见到了许多这样的镜子。

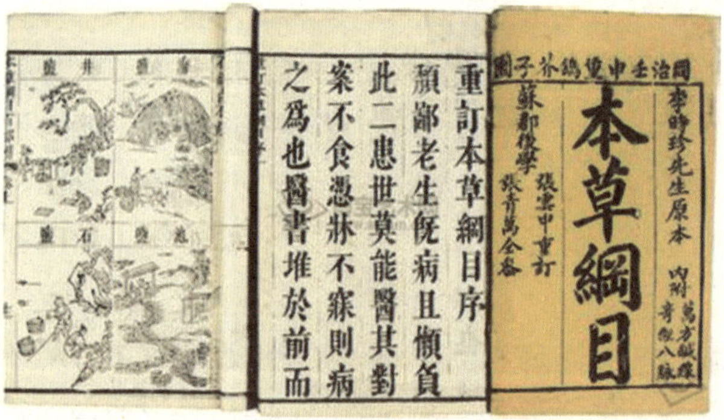

「本草纲目」

据传说，鬼还怕秤、钢刀、斧、剑、剪等物，旧时人们在床边枕下放置刀、剪就是出于驱邪的目的。春节时换桃符，也是为了避邪驱鬼，因为鬼被桃林之神神荼、郁垒打怕了。道士画的符，鬼也害怕。道士在纸上画一些连自己也看不懂的“鬼画符”，据说就有驱邪治病的功能，其实，这只是一种精神安慰法和精神胜利法罢了。古人发明的咒语也有镇鬼避邪的作用，《道藏·三皇内文遗秘》载有一种杀鬼咒，曰：“太上老君教我杀鬼，与我神方。上呼玉女，收摄不祥。登山石裂，佩带印章。头戴华盖，足蹑魁罡，左扶六甲，右卫六丁。前有黄神，后有越章，神师杀伐，不避豪强，先杀恶鬼，后斩夜光。何神不伏，何鬼敢当？急急如律令。”咒语一念，鬼就无可遁逃了。

鬼是人造的，人反过来倒要祭鬼避邪，岂不可笑，但不信邪的也是大有人在，白居易丰都治“鬼”就是一例。

据传，白居易曾被贬到四川忠州做刺史，该地丰都县（现鬼城所在地）经常闹鬼，白居易就微服访丰都，以探究竟。一到丰都，就见鬼门关前众人争买“路引”。白居易也挤到泥塑判官前的香案边买了一张，但见纸上盖着三个大印：丰都天子殿、丰都城隍庙、丰都县衙门。见县衙门竟然用装神弄鬼的方式欺骗盘剥百姓，白居易便决定惩治一番。他向一个小当差的问道：“花大价钱买这‘路引’有何用处？”当差的说：“‘路引’是阎罗天子给亡魂的通行证。崔判官专门查验‘路引’，无它就休想过鬼门关，只能在地狱饱受刑罚折磨，永远当恶鬼。有了它就可过鬼门关见到阎罗天子，转胎做人。”从不信鬼的白居易就决定易服潜行去揭揭闹剧。

听说衙门的官员、县里的豪绅、天子殿的和尚们正在聚餐，白居易就打扮成跑堂的混了进去。酒足饭饱后，和尚们向县令送了满满一箱的白银。待众人走后，县令正要随人抬走银箱时，又化了装的白居易突然跳到银箱上说：“放下银箱留你小命。这是和尚从天子殿偷出来的银子，阎罗王因此生气才叫我来拿回银子的。”县令说：“这明明是卖‘路引’的钱，说好三家平分，这是我应得的一份。”“‘路引’是阎罗天子

「丰都鬼城」

散发给亡魂的通行证，与你阳间何干？你凭什么要插进来拿一份？”县令得意地说：“你真是个笨蛋！世上哪有什么阴间不阴间的，没有我这县令，和尚们吃什么？穿什么？那阎罗天子只不过是个泥巴捏的，管个屁用，我才是丰都鬼城的真正阎罗王。”这时，白居易去掉伪装，换上官服。县令一见顶头上司驾到，立即吓得跪倒在地。白居易义正词严地说：“求神拜鬼本是无知道士、和尚的骗钱术，身为父母官，不引导百姓重农桑、勤耕作，却与小人同流合污，把堂堂县印与鬼印盖在一起，愚弄欺骗百姓，榨取百姓钱财。国法不容，罪大当诛！”喝令县官老实招供敲诈百姓钱财的罪行。白居易将他们骗来的钱财全都退还给百姓，并依法惩治了官员、劣绅、天子殿与城隍庙的不法出家人。众百姓大呼上当，无不称颂白居易是真正的父母官，一场买卖“路引”的闹剧才告结束。

俗话说：“为人不做亏心事，半夜不怕鬼敲门。”这是大有道理的。

(二)趋吉的火把节

人类发明了人工取火的技术，这是人类第一次征服了自然力，运用大自然的力量为人类自身服务。人会用火、取火，这是人类区别于动物的标志之一。火给人类带来的好处，是语言和文字所难以完全表达的。因此，火是人类的朋友和工具，是光明与希望的体现，所以人类爱火、崇拜火，视火为吉。现在人们评说某人发了一笔财，就说他“火了一把”，此“火”便代表了“走鸿运”的意思。

现在许多人搬家时，会将燃着的炉子与家什从旧家一起搬到新家，说这样做就可将财运带上，新家的日子也会很“红火”。这都表现了火在人们心目中的意义。

世界各民族都崇拜火，只是崇拜的程度和方式有所不同罢了。长江流域的许多民族，尤其西南地区，人们都有过火把节的习俗。火把节的历史由来已久，其风俗、活动内容、具体日期，则因地域和民族的不同而有所区别。

四川凉山的彝族人，在农历六月二十四、二十五日过火把节。节日的前一天，各家各户准备酒肴食品，各村寨凑钱买头老牛，日落时以锥击杀，俗称“打牛”。然后，每家点燃一支火把，围着牛欢呼，吹起竹笛、弹着月琴，开始尽情歌舞。节日时，家家饮酒，吃坨坨肉。男女老幼穿着节日盛装，在广场上开展斗牛、斗羊、赛马、摔跤、歌舞等活动。夜间开始“打火把”，人们用细箭竹或蒿枝扎成长长的火把，在夜幕中来往挥舞，形成火龙、火圈。转动的火环、飞闪的火花，变化多端，呈现出各种令人眼花纷乱的图案。青年男女通过火把的“接火”而萌生爱情的火花。连续两天，都在快乐的游戏和娱乐中度过。

「彝族火把节」

据四川彝族传说，天上的大力士斯热阿比因为对人间的勇士阿提八拉不服气，就下凡与他进行摔跤比赛，最后斯热阿比输了。他回到天庭后，在天王面前搬弄是非，天王不分青红皂白，就派天虫糟蹋人间的庄稼。六月二十四日，勇士阿提八拉组织族人点燃松枝火把，四处烧死害虫，保护了庄稼。为了防止害虫再来，彝族在每年的这个时候都要高举火把在房前屋后、村头寨边、田野山坡漫游，如此年复一年，就形成了一年一度的火把节。

火把节也是云南怒江、丽水的傈僳族的传统节日，时间为农历六月二十四日或二十五日。届时，家家户户做火把，各村寨还要在广场中央用松枝和干柴搭成一个巨大的宝塔形状的柴堆，并在柴堆上再插一根大树枝，饰以五颜六色的彩纸和纸花。白天，人们或者杀猪宰羊、走访亲友，或者欢聚在广场，举行赛马、打靶、射弩、打秋千等活动。夜幕降临时，拿着火把将自家房屋后的不洁之物全部烧掉，以示驱邪。然后，人们手执火把汇集于广场，一起将那巨大的宝塔柴堆点燃。顿时，广场上火光冲天，锣鼓齐响。人们围着那巨大的火堆载歌载舞，纵情欢乐。傈僳族对火把节的来历解释说：从前，有对老夫妇有个非常漂亮的女儿，但被当地的土司抢去。她坚决不从，被迫自杀。村民得知此事后非常气愤，当晚，人们燃起熊熊火把，聚众起义。这天正好是六月二十四日，为了纪念这次反抗活动，他们就将这一天定为“火把节”。

「火把节篝火」

云南丽江的纳西族群众在每年农历六月二十五至二十七日过火把节。纳西族传说：玉皇大帝在天上过得厌倦了，想看看人间的生活，便令天官打开南天门。他看到人间青山绿水、百花开放、鸡鸭成群、牛羊肥壮，人们安居乐业、欢天喜地。玉帝心生嫉妒，就令掌火的红脸天神下凡烧毁人间。红脸天神到凡间一查，看到人们心地善良、情操高尚，所有的好东西都是人们勤劳的结果，他就不忍心烧毁，于是转回天府向玉帝汇报实情。玉帝一听，不仅未生恻隐之心，反而以抗旨罪杀了红脸天神，另派大将下凡放火。同样，这个大将也不愿违心地烧人间。他就出主意，让人们连续三夜点燃火把以迷惑玉帝。时值六月二十五至二十七日，玉帝看到人间是一片火海后，便安然入睡，人间终于免除了一场劫难。纳西族人民为了纪念两位有功于人类的天神，在每年的这个时候都要点燃火把，于是就形成了欢庆胜利、祝愿人间更加美丽昌盛的火把节。节日里，人们白天唱歌，进行社交活动，并开展斗牛、摔跤的娱乐活动。一到晚上，家家户户在门前点燃精心装饰的高约三丈的粗大火把。青少年则举着小火把游走山坡田野，边歌边舞，直到深夜。有的地方的纳西族，在节日夜的村中广场上燃起大火，人们围火歌舞，通宵欢乐。

其实，汉族的元宵放灯，其用意也等同于火把节，只是由火把进步到灯笼而已。在田间点火把照明、巡游的风俗，在少数民族地区依旧保持着。如浙江嘉兴一带的汉族有甩火把的传统节目，在每年正月里择日举行。相传隋炀帝篡位后欲霸占其父妃，父妃不从，提出若是元宵夜天地不分才从婚的要求。隋炀帝就命令在元宵之夜城里挂灯，农村烧火把，使夜如白昼，终于占有了父妃。但老百姓却发现，甩过火把的田地收成要好过未甩火把的田地，于是在每年正月夜里甩火把并相沿成习，形成一个节日。在节日午夜，将稻草捆扎而成的火把点燃后扔向四面八方，或是直接在田野里烧茅草、茭白草，或是先将田野里的草扎成把，系上彩条，晚上敲锣打鼓地焚化。甩火把时还念念有词，曰：

火把甩得高，三石六斗穗牢牢。
火把甩到东，家里堆个大米囤。
火把甩到南，国泰民安人心安。
火把甩到西，风调雨顺笑嘻嘻。
火把甩到北，五谷丰登全家乐。

伦理亲情

(一)老人节与祭母节

中国人讲孝道、敬祖宗，而老人是活祖宗，自然是备受尊重。尤其是在几代同堂的大家庭，老人更是受尊重。

民间传说，乾隆皇帝下江南时，有一天他微服信步，到了一户大宅院，只见门额上写着“天下第一家”。乾隆爷不觉微怒，我贵为天子才是天下第一家，何人敢如此僭越？便决定探个究竟。他走进门，见院内仅有个约60岁的老人在晒太阳，便问道：“你家门口为何挂个‘天下第一家’的条幅？”老人答：“这事你到里面去问我的爹。”乾隆又进一道门，向站在门口的一位约80岁的老人同样发问，老人同样回答：“你到里面去问我的爹。”乾隆心想，这大的年龄怎会还有爹呢？他继续朝里屋走，看见一个百岁老人在哭，乾隆暗怒，哪个不孝之人敢欺负百岁老人，非治罪不可。忙上前恭敬地问道：“老人家，是谁欺负你？”老人说：“是我爹打我。”皇帝惊诧，居然百岁老人还有爹健在，并且能够打人。

乾隆听见房里有声音，便走进去，只见一位须发皆白、精神抖擞的老人兀自气呼呼地数落儿子的不是。一见生人进来，老人便问：“贵客有何事？”乾隆说：“不知您为何要打门口的老人？”老人答道：“他做错了事，自然要挨打。”皇帝又问：“不知您家门口为何要写上‘天下第一家’？”老人骄傲地说："我家六代同堂，我的儿子个个健在又孝顺，这是福。我的儿孙都读书，都有功名在身，在朝为官的有好几个，这是禄。我活了两个花甲还多出一截，这是寿。我的福、禄、寿占全了，请问天下还有哪一家比得过我家？不是'天下第一家'又是什么？"乾隆爷心悦诚服，道出身份，再叙家事。

这个传说表明，即使贵为天子，对老人也是非常尊敬的。就是这位乾隆爷，在位时几次操办千叟宴，邀请老人到宫中一起吃喝享乐，未能进宫赴宴的也恩赐有加。

在我国的节庆文化中，老人（不论男女）占有一席之地，尊敬老人也是节庆的内容之一。如云南的哈尼族在每年农历冬月十五日过老人节。节日早上，寨子里的小伙子们要到山上去砍青松，妇女们则在家中备办佳肴。当太阳偏西时，娱乐场地要栽满青松，全寨男女穿戴整齐前来欢度节日。当主持人宣布节日活动开始后，一声锣响，中年男女端着香喷喷的糯米饭、鸡蛋等食物，青年男女端着米酒、茶水，一起敬献给坐在青松下的老人们。接着，小伙子们弹起丝弦，姑娘们唱起动听的歌，而老人们则和着琴声、歌声跳起"阳猛套"舞。舞毕，主持人请老人们轮流讲述一年来子女对老人的孝敬情况。然后，当场对尊老的晚辈给予表扬，对不孝的晚辈则进行批评教育。

「祭母节」

哈尼族每年都举行传统的节日——祭母节，时间为夏历二月的第一个属牛日。这一天，全寨人停止农事活动。清早，青年人上山捕雀逮兽，妇女们下河捞鱼，成年人在家宰猪杀羊，共同置办酒席。中午，在一棵传统的象征母体的大树下，摆好丰盛的食品，由主祭的长者宣布祭母开始。这时，锣鼓齐鸣，站立在大树前的男女老幼齐唱《思母》歌：

身前站着母体化作的树，
望见树，泪成串！
唱上百歌，
唱不完母亲的恩情。
山泉不断，
没有娘儿情义长。
英雄都是母亲养。
阿皮梭么（创造天地的神）也有娘。

歌毕，全寨人按照年龄大小顺序入席，一起饮酒吃饭。席间，大家议论着寨子里的儿女对父母、媳妇对公婆的态度。直到太阳下山才慢慢散去。据传说，如此举行祭母节是为了教育人们不忘母亲的养育之恩。举行一次祭母节，就犹如进行一堂道德法庭的审判会，其作用是相当明显的。同时，我们也应理解到，哈尼人祭祀的显然不是某个具体的母亲，而是以大树为化身的、孕育人类或民族的母体的象征，也就是将母亲升格到女神的地位。因为人生在世所认识的第一个关系最密切的人就是母亲，母亲给人以生命、哺育和爱，给氏族和民族带来希望和繁荣。因此，人们怀念母亲，讴歌母爱的无私和伟大，对母亲由尊敬到崇拜，进而发展到女神崇拜。

侗族的民俗传统中，有为老人“添粮”的习俗。据说，每个人吃粮食的数目是注定的，只有那么多的粮食可吃。自己名下的粮食吃完了，生命也就到头了。因此，到了60岁的老人都用“添粮”的方式为自己祝寿。即使未到60岁，但若病魔缠身，也认为是自己的粮食要吃光了才得病，因而要添粮增寿。举行添粮仪式时，亲友们纷纷送来数量不等的米谷为老人添粮，子女们则可到村上各户去“筹粮”，在每家中抓来三把米。然后将亲友送来的和子女们筹来的粮

「幸福老人」

食一起挑着沿村周游一圈。回到家里后，由一位老长者唱《添粮祝寿歌》，祝愿老人添粮添寿，身体康健。歌毕，众人依次抓三把米或穗禾投到老人面前的口袋中，就算是添了粮。所添的粮食以后就归老人独自享用，他人不可分享。

侗族还奉祀“萨坛”，崇拜“先祖母”。在几个集中的侗寨，都有一座由青石砌成的堡垒状石坛，坛内的岩石被点排成花纹，坛外种一棵古老的风水树，这便是被侗族人称作“萨坛”的露天神坛，即“先祖母的殿”。侗族人对“先祖母”无比虔诚，世代供奉。据说，以前侗族每迁到一地，总是先选点建“萨坛”和鼓楼，然后才造民房立寨。逢年过节都要向先祖母烧香敬茶，耕种、出征前也要向先祖母祈祷，求她保佑。到先祖母的生日时，全寨的妇女都要来祭祀，只有成年妇女才许入坛。每个妇女都要从家中带来黄豆、米花、糯米粑、茶叶、茶油等到坛中煮油茶，并合唱歌颂先祖母的歌。祭祀“萨坛”的活动往往延续三天。第一天祝颂先祖母的神威浩荡，第二天祈祷侗乡五谷六畜的丰收，第三天祈求保佑四方。这种崇拜活动大概源于母系氏族社会对女始祖的崇敬和怀念。

「 广西侗族同胞欢度传统“祭萨节” 」

不独少数民族崇敬老人，汉族也是如此。在公开场合，老人总是置于上座。在家中，吃饭时下辈要为老人添饭倒茶，饮酒时先敬老人。有了家庭纠纷和邻里矛盾要请老人来评理。平辈走亲戚可以不送礼物，若是有老人健在，不带礼物就说不过去。老人外出，人们也会主动提供帮助。按照民俗，只要老人健在，儿女们不管年龄多大，都不算成人。因此，当高龄老人去世时，儿女们才算是“脱帽”了，做大人了。高龄老人去世，俗称丧家办“白喜事”。熟人见面可道声“贺喜”。年龄越大，辈分越高，其丧事越隆重，甚至比结婚的场面还要热闹得多。丧家大操大办，众人“吃大肉”。这些都体现出了汉族人对老人的尊敬与怀念，也可说是一种“恋父情结”或“恋母情结”。因为父母是人生的导师和保姆，养育之恩、教育之功是终身难忘的，儿女们对父母由敬而爱，由爱而恋是理所当然的，孝敬父母、尊敬老人也就顺理成章了。

《孝经》则特别强调说：“孝，天之经也，地之义也，民之行也，死葬之以礼，祭之以礼。”要做到孝，最起码的要求也得尊敬老人。谁若违背了这一点，就是逆天而行，就要严惩不贷。三国魏时，发布“五刑之罪，莫大乎不孝”的诏书。《唐律》将不敬、不道、谋大逆、不孝等列入“十恶”之罪，用十恶不赦来震慑人心。统治者之所以如此注重孝的问题，其根本原因乃在于：家为国家的缩影，是国家的最基本单位，不孝于老人，焉能忠于君王。

子曰：“父母在，不远游，游必有方。”“三年无改于父之道，可谓孝矣。”从孔子始，“孝”被提高到了极高的地位，后来成为封建社会与法相对应的道德标准。

用今天的眼光看，孝有合理的思想成分，如尊敬老人、帮助老人，这是应该继承发扬的；孝的封建思想成分和落后的观念，则应剔除，如《汉律》中规定的“自今子首匿父母，妻匿夫，孙匿大父母，皆勿坐”，这在今天是完全行不通的。

我们现在之所以仍提倡尊敬老人，是因为父母对儿女、对家庭是有功之臣，为每个家庭作出了巨大的贡献；父母给我们以生命，我们是父母的延续，理应尊重父母，共同享受天伦之乐；父母为国家和社会作出了贡献，现在虽丧失了工作能力，但我们作为社会的一员，也有责任让老人安享晚年；老年人虽不能干体力活，但他们的阅历、经验和智慧仍是一笔宝贵的财富，尊重老人即等于尊重知识。因此，尊重老人是中华民族共同的道德标准和行为规范。让世界充满爱，让老人享受爱！

（二）姊妹节与女儿节

十八姑娘一朵花，花儿是美丽的，花季的人儿更有理由享受生活，享受乐趣。因此，以花朵般的姑娘们为主体的节日也就应运而生了。

贵州清水江畔的苗族人，在农历二月间择日举行“姊妹节”，亦称“吃

「 苗族姊妹节 」

姊妹饭”、“姊妹饭节”。按照当地的传统习俗，每家都用一种名为“姊妹花”的野生植物的花和叶，把糯米染成五颜六色后蒸成“姊妹饭”，供家人食用，招待亲友和走亲访友也都少不了晶莹透亮、香软可口的“姊妹饭”。在节日这一天，许多苗家村寨举行斗牛、斗鸡、赛马、吹笙、踩鼓、游方等娱乐活动。男子穿青、蓝、紫诸色的对襟衣，包头帕。姑娘们身着绣有各种美丽花纹、图案的民族服装，头发挽髻，戴上鸾凤银冠，佩戴耳环、项链和银圈，身上缀满银牌，赶到清水江畔。这里人山人海，热闹异常。有的斗牛，有的划船，有的鸣锣击鼓，有的吹芦笙，有的唱山歌，有的沙滩踩鼓，有的跳芦笙舞，不管在哪儿，美丽的姑娘都格外引人注意。当姑娘们踩着鼓点、伴着芦笙翩翩起舞时，多情的小伙子们就暗中观察、物色自己的意中人。

暮色降临，人们逐渐散去，宽阔的场地就成了年轻人的天地。江面、江边到处都响起了嘹亮而温柔的情歌，那是青年人开始了他们自由无拘的“游方”（未婚青年的社交恋爱活动，又有“走方”、“坐妹”等名称。“坐妹”为坐到姑娘的腿上，若非姑娘相中者，是不可能享受这种特殊待遇的，然后就可以遣媒人提亲了）。在这个特殊的节日里，年轻人通过“游方”寻找自己的意中人，享受着爱情与幸福。

关于姊妹节的来历，当地流传着这样一则传说：

很久以前，这里有许多聪明而美丽的姑娘，她们通过自己辛勤的劳动，过着丰衣足食的生活。但美中不足的是，一些姑娘已长成大人，但尚未婚嫁。于是姐妹们商定，每人拿些米来，大家一起聚餐，唱歌跳舞，以吸引其他地方的小伙子来玩。到了约定的那天，果然有些外地小伙子闻讯而来。大家在一起斗牛赛马、唱歌跳舞，玩得开心极了。姑娘们不仅殷勤地接待他们，临别时更是依依不舍，还送糯米饭给他们吃。青年们受宠若惊，异常高兴，以后就常来玩耍，也送给她们一些心爱的小礼物。一回生，二回熟，小伙子们与姑娘们就建立了感情，彼此都寻找到了伴侣。天长日久，此俗延续下来，就成了一个特殊的“姊妹节”。

姊妹节的传说表明,青年人对爱的追求导致了节日的产生,这有一定的道理。恩格斯在《家庭、私有制和国家的起源》中说:“加利福尼亚半岛的居民(蒙昧时代高级阶段),据班克罗夫特说,则有一些节日,在节日里几个‘部落’聚集在一起,进行不加区别的性交。显然,这是指一些民族,它们在这些节日里,对于从前一个氏族的妇女以另一氏族的所有男子为她们的共同丈夫,而男子则以另一氏族的所有妇女为他们的共同妻子的时代，还保存着一点朦胧的记忆。这种习俗在澳大利亚仍然盛行着。”导师的话,道出了“姊妹节”产生的历史根源。理解了这一点,我们就可对“姊妹节”这一类节日及其活动内容有个更清楚的认识。

现在过姊妹节时的活动内容当然文明多了，但在以前，则“朦胧”的回忆要更多一些。如康熙时的贵州花苗“每岁孟春，合男女于野，谓之跳月，预择平壤为月场。及期，男友皆更服饰，男编竹为芦笙吹之而前，女振铃继于后以为节，并肩舞蹈，迴翔宛转，终日不倦，暮则挚所私归，谑浪笑歌，比晓乃散”。在此，姊妹节、跳月以及其他的踏歌节、三月三、抛绣球等，皆属同一性质的节日活动，只是在今天有所变更而已，这也是时代进步的结果。

在湖南、贵州、广西交界处的部分侗族人，每年农历四月八要过姑娘节。这个节日与上面所说的“姊妹节”有些相像，姑娘们做乌米饭、乌米糍粑，让家里人和客人分享这种美味而具祛病作用的食物。

湖南江永一带的瑶族姑娘们，在每年农历四月初八过女儿节，亦称“阿妹节”、“斗牛节”。是日，姑娘们带上自制食品到山野会餐，并举行自制食品比赛，看谁做的食品花样美妙。这种比赛被称作“斗牛”，故而又称“斗牛节”。比赛的食品有三样，即花蛋、花糍粑、花糖，总称为“三花食品”。花蛋：先将鸡、鸭蛋煮熟，再在蛋壳上画些花边图案。花糍粑：用刀在糍粑上刻荷包花样，每个糍粑的花样不能重复。花糖：先用蜂蜜、熟米粉熬成糖，再用黑白两色芝麻镶出头巾图案（今多用现在的花纸包的糖果代替）。这“三花食品”不必每人带齐，但在参加“斗牛”的一群姑娘中则必须备齐。此外，还带花生、板栗、水果、肉制品和各种土特产品，这些食物也必须由姑娘们自己亲手制购，他人不得代劳。

该带的带齐了，一群群的姑娘们就相约上山，在山野里比赛，说笑打闹，追逐嬉戏，尽情娱乐。如果有小伙子前来偷看，若被姑娘们发现并喊出名字，他就得“乖乖”地受罚，为姑娘们拣柴火、寻野果、摘山花、烤食品。当然，有心偷看者必定甘心当俘虏，对小伙子来说，这是大献殷勤的好机会，此时被姑娘相中的概率较平时要大得多。也有的偷看者本来就是意中人暗地约来的，以便一起欢度女儿节，也可在女伴面前挣荣光。

汉族妇女的封建意识浓一些，比不上少数民族的妇女享有较多的社交、择偶的自由。直到20世纪中叶，中国的妇女们才逐渐翻身解放，享有同男人平等的政治地位和法律地位，妇女能顶半边天，三八妇女节成为真正的“女儿节”。“怕老婆的男人才是个好男人”的俗语，从一个侧面反映了妇女地位的真正提高。我们为新时代的女性而感到庆幸。

祈盼丰收

（一）泼水节

人可以七天不吃饭，但却不可七天不喝水，水是人的生命之源。水可以饮用爽身、溉田去污，也是纯洁的象征，因而人类视水为生命水，并对水予以崇拜。如祭社神祈雨、二月二接龙祈丰年、三月三水滨洗浴、五月五龙舟竞渡、七月七沐浴汲圣水等均为水崇拜的表现。此外，傣族的泼水节、藏族的沐浴节等也属水崇拜的范畴。

云南傣族人传说：古时候有个魔王，每年都要在傣族居住区抢一个姑娘为妻，人们对它恨之入骨，但由于魔王本事太大，又有护身秘法，所以谁也对它无可奈何。有一年，魔王又抢了一个傣家少女做它的第七个妻子。这个少女十分机警，她不像其他的姑娘那样直接反抗，而是十分恭维魔王，装出爱上它的样子，同时向魔王殷勤劝酒，魔王喜得心花怒放，开怀畅饮，无意之中被少女套出了它的致命弱点：它最怕用自己的头发勒住脖子。于是，少女乘着魔王大醉的时机，与其他被抢来的姑娘们一起动手，用魔王的头发紧紧地勒住它的脖子，魔王的头马上就掉到地上了。可是魔王的头里却冒出火来，并有许多妖怪向她们扑来。姑娘们一方面与妖怪殊死搏斗，另一方面朝魔头泼水、盖土，但都无济于事。这时，一个姑娘无意中把魔王的头抱起来，魔头顿时就不冒火了，妖怪也消失了。但是把魔头一放下，它又冒火了，妖怪又来了。为了消灭魔头除害，姑娘们就轮流抱着魔头。闻讯赶来的乡亲们了解情况后，对姑娘们十分敬佩，他们提来水，朝姑娘们的身上泼去，为她洗掉身上的血污和妖气。为了纪念七个善良勇敢而富有牺牲精神的姑娘，傣族就将傣历六月十二日（清明节后 10 日左右）定为泼水节。

泼水节为傣历的新年。傣族将许多节会称为“赶摆”、泼水节为“摆爽南”，为期三五天。第一天称“麦日”，与农历除夕相似；第二天称“恼日”（空日），挑清水浴佛、泼水；最后一天称“麦帕雅晚玛”，举行各种娱乐活动。

节日前，家家修整房屋，缝制新衣，酿酒，舂粑粑，杀猪宰羊。节日期间人们相互登门拜访，祝贺来年吉祥如意。节日的主要活动有堆沙、泼水、赛龙舟、丢包、跳舞、放高升、燃孔明灯等内容。

“麦日”的清晨，善男信女沐浴更衣，将事先准备好的米团、粑粑、茶、烟、蜡等物，抬入佛寺敬献。青年人用碗或小箩从河边装来沙子，在寺院中堆几座高约数尺的宝塔形的“沙塔”，塔尖插入 8 根缠着五色彩纸的竹枝。人们围塔而坐，聆听诵经和历史传说及预祝新年五谷丰登的祝词。

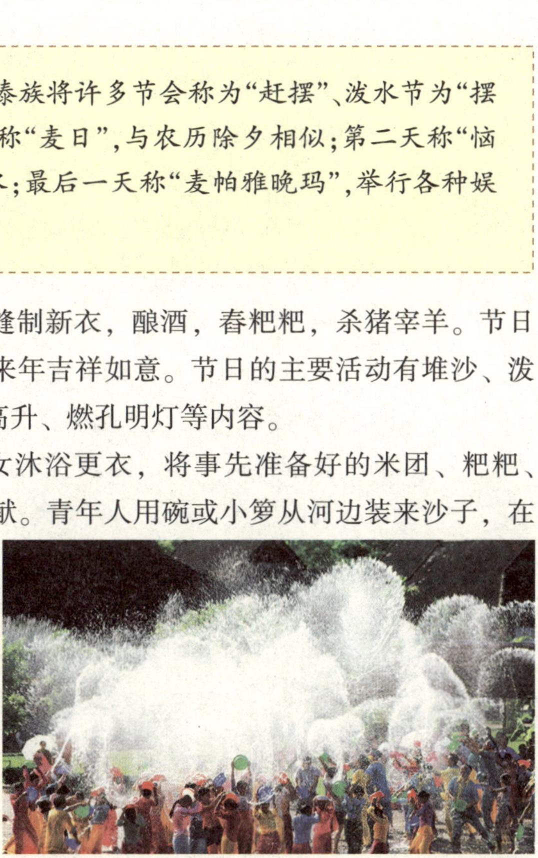
「泼水节祈福」

泼水活动在“恼日”举行。青年男女一大早就穿上

「泼水节」

节日的新装，成群结队地上山去采摘野花做花房，遍插于房内、门前和篱笆上。中午，妇女们各挑一担清水到佛寺，将水泼到佛身上，为佛洗尘，并把采来的鲜花供在佛前。泼水活动开始前，由一位长者从竹筒内拿一束鲜花，将水轻轻洒向周围的人群。人们在象脚鼓的节奏中，随着歌手的歌声，将竹筒举过头顶，给老人们手上滴水，祝愿老人健康长寿。老人们则双手捧着吉祥的水，边诵祝词，边鼓励青年人以水当礼，互相泼赠。仪式过后，人们就随着前导的象脚鼓，涌到水源处取水，闻名遐迩的泼水节就正式开始了。

泼水有文泼水与武泼水两种：文泼水主要是对长者与婴儿，泼水者舀起一勺净水，说着祝福的话，拉开对方的衣领，让水沿着脊梁流下去，被泼者高兴地接受祝福，不得躲开，否则就是不懂礼貌了；武泼水则没有什么讲究了，随便操起什么盛水之物，将水朝别人迎头盖脸地泼就行了。精力旺盛的青年人真是在过节，他们拿着各种装满水的器皿，你一桶、他一盆地互相泼洒，往来追逐，水花四射。每个人都被淋得透湿，到处都是水的洗礼，水的祝福，水的欢唱，使节日成为欢乐的海洋。正如人们所说："年年有个泼水节，看得起谁就泼谁。"傣族认为，泼水能洗涤晦气、消病祛邪，是吉祥、幸福、健康、兴旺的象征。因此，被人泼的水越多，说明得到的祝福越多，被泼的人就越是感到高兴。

在泼水节时，小伙子们还特别多个心眼，注意偷看姑娘们背上背的竹篮，从中猜测姑娘的心意。因为，小伙子们在节日之前都躲到僻静处精心编制几个竹篮，挑选最好的送给意中人。要了解姑娘的心意，就看泼水节时姑娘背的是否是自己所送的竹篮。若是的，那就有希望了，泼水时自然会如影随形地为之祝福；若不是，那就没戏了，竹篮打水一场空，但也没关系，泼水时另选目标多祝福，有情人终会成眷属。所以，泼水节也是青年人培育感情、播种爱情、追求幸福的大好时机，这就难怪青年人你追我、我泼你了。

划龙舟也是泼水节的主要内容之一。在节日的第三天，人们盛装前往江边观看龙舟竞渡。停泊在江中的数十条龙舟上，都插着一根系彩带的竹竿，每条船上有数十名水手。号令一响，顿时浆起桨落，应着指挥者的铓锣声，赛船上传来“洪——窝”、“洪——窝”的锣声，一条条龙舟好似离弦之箭，劈波斩浪，奋勇飞驶。江边的观众则高呼助威，为自己心目中的英雄船呐喊。江上岸边，号子声、呐喊声、锣鼓声，响成一片，为节日增添了许多欢闹的喜悦气氛。

泼水活动是傣族人民过年的最高潮，也是傣历年中最精彩动人的场面。以如此的方式庆新年，表达了傣族人民庆丰收、图吉祥、盼幸福的喜悦心情。

(二)祭土地

种田的人谁不爱上地？土地是种田人的命根子。东北有句俗话颇具代表性：“三十亩地一头牛，老婆孩子热炕头”，反映了农民对土地的重视和对自给自足的小农经济的朴素追求。出于重视、珍爱土地的心理，中国古代的农民便将土地神化，幻想出一个主掌土地和五谷生长的土地神，并予以崇拜，希冀通过崇拜而获得土地神的特殊眷顾，能够获得好收成，丰衣足食。因而就形成了迎春、祭土地公、祭土地婆的传统宗教活动。

在我国民俗中，土地神简称“土地”，又称“土神”、“土地公公”、“福德正神”，它是古代汉族民间信仰的神祇，为守护地方之神，对土地神的崇拜后来流行于全国各地。

土地神原为中国古代神话中管理一小块地面的神，如《西游记》中孙悟空每遇不懂之事时，使唤出当地的土地神问个究竟，土地亦自称“小神”而恭敬回答。又如苗族的风俗故事《献土地》说：从前一户人家，儿子娶亲后，庄稼连年遭兽害而歉收，主人既恼火又没办法。有天晚上，他的先人给他托梦说：“你办酒接新娘子过门时，没有把土地神敬献到，土地神不满意，就对你的庄稼放任不管，才遭兽害。”第二天，主人忙去补献了土地神，收成就好起来了。此后，苗家嫁女时，一进婆屋，送亲舅子和押礼的先生都要先献土地神。男家把备好的献神汤摆出来，让歌师唱祭神歌，

「土地爷坐像」

自己舀酒洒到地上，这就是“打（献）土地”的风俗。还传说管得宽的土地们贪口福，新娘子从娘家动身，娘家的土地就要送，沿途的土地也跟着送，等接亲的人家把土地献了，给他们的嘴上抹了油，他们才各自回去。可见一个土地神大概只能管一村之地。

土地神在古时又称“社神”，《公羊传》注：“社者，土地之主也。”土地之名，由此而来。《孝经纬》亦载：“社者，土地之主，土地广博，不可遍敬，故封土为社而祀之，报功也。”在后来的演变中，土地神又掺杂了“先啬”、“田”、“坊”、“水庸”之神和共工氏之子“后土”等的形象。清代翟源《通俗编·神鬼》载：今凡社神，俱呼土地。在坟旁所祀则称后土；并且设后土或福神的石碑。土地神司职本乡本土之事，为乡土保护神。旧时各乡均有土地庙，或设于村头，或设于村中，多很简陋。“文革”中土地神成为牛鬼蛇神之一被扫荡，今在许多地方又恢复了土地庙。现在所见到的土地庙较以前好多了，多为砖瓦砌的高约一米的小房子。而以前有的乡村仅用四块石片当土地庙，一片作顶，三片当墙；或用一只破碗覆盖在地上，也算是土地爷的栖身之处。

土地庙所供的土地，其形象大多为白须白发、和蔼慈祥的老人；也有白面、黑须、幞头、圆领，好似城隍打扮。由于传说中的土地神亲切慈祥，犹如慈眉善目的老爷爷，而他又肯善助乡里，因而民间对土地敬而不畏。旧时民间但凡有死人之事，必至土地庙前“报庙”。各地如若祭宗祠、扫墓、破土等，一般在开始祭祖前总要先祭土地公，俗

「土地爷庙」

称“祭后土”。农历二月初二，相传为土地公的诞辰，家家祭拜。人们除了在土地庙中供拜外，还演戏娱神，为土地公公祝寿。土地神并非孤苦守乡土，它也有配偶神，俗称“土地奶奶”或“土地婆婆”，与土地公公同享人间烟火，但无特殊职司。

因为土地神与土地相关，故而老百姓对土地神的祭拜相当勤，以祈盼农业丰收。各地较统一的祭祀时间为土地神的诞辰。如浙江安吉等地的汉族人在农历二月初二举行“春福”的传统节日活动。是时，各村之人多以10人或20人结为一社，然后集资购买供品，一起到本地的土地庙，宰牲贡酒，焚香奏乐，以祭祀土地之神，俗称为“春福”。进行春福的主要目的是祈求土地保佑本地禾苗茁壮、五谷丰登、人畜平安。

江苏阜宁一带的汉族人也在农历二月初二“敬土地”。当地农民信奉土地神，认为它是管理世间五谷之神。大村庄都要筹资建造土地祠宇。小村庄没有能力建造祠宇时，则用粗瓦缸一个替用，将缸的近口处敲成长方洞门，放倒在地，把土地牌位供奉在内，权当土地祠庙。故当地谚语笑说：“土地老爷本姓张，有钱住瓦屋，无钱顶破缸。”

届时，各家都要从灶中取出一点灰烬，在院中或房前屋后撒成大大的圆圈，并焚纸烧香，敬拜土地，以祈土地神保佑当年禾苗旺盛，免受风雹螟蝗之灾。

中国人重人伦，如果只祭土地公公而冷落了土地婆婆，恐怕大家的脸上都不好看。何况土地婆婆是女性，女性会生育，与庄稼的发芽、分蘖、抽穗、灌浆是一个道理。所以，人们也未忘记土地婆婆。浙江永康一带的人，在每年农历的夏至日举行“祭田婆”的祭祀活动。届时，凡种田农户，不论其田地多少，都得准备酒肉祭祀土谷之神。人们束捆草标，插在自家田间，然后在草标前摆好供品，行祭祀之礼，当地称之为“祭田婆”。其目的在于酬谢田婆劳苦功高，祈其继续保佑庄稼，让人们获得丰收，过上好日子。

「祭田神」

“祭田神”是贵州布依族的民间祭

祀节日，每年插秧结束后，择日举行祭田神仪式，意在祈求田神保佑当年五谷丰登。祭祀礼时，除了设供行礼之外，还要唱《祭田水歌》，唱曰：

田水爷，田水奶，摆好吃的请你来！
赐福半年好兴旺，谷粒大来谷穗长。
颗颗饱得像雀眼，密密缀满穗秆上！
赐命禾苗壮又实，倒伏的叫它挺直，
睡觉的把它唤醒，株株长得比眉弯！
今天杀鸡敬供你，明年隆重再献祭。

青苗会是四川阿坝州羌族人的传统祭祀节日，在每年农历三月十二日举行。届时，各户集资买一只羊宰杀，供奉给土地菩萨，以祈求土地菩萨保佑田中青苗，恩赐丰收。此日忌路一天，禁止过往人等入寨。

云南的水族每年也举行“田神祭”，亦称“米魂祭”，时间为插秧前、插秧后和农历十月初十举行三次。当地民间相传：田神可以保佑禾苗茁壮成长，故需举行专门的祭祀。第一次祭祀在田边举行，用竹笋、鸡蛋、米饭作供品，祈求田神保佑禾苗生长茂盛。第二次祭祀用猪肉、米饭等作供品，并在小木条上捆几根鸡毛和一张白纸，插入田中，祈求田神保佑五谷丰登。第三次祭祀则请鬼师收米魂，以酬田神保佑庄稼之劳。届时用猪肉、鸡、鸭等作供品，并将谷穗用红纸条捆好，插在一碗糯米饭内，置于盛满谷米的箩筐上，三日后将其撤掉。

「青苗会」

其他各族各地祭祀土地公、土地婆的活动还有许多，都表现出人们对土地和农耕的重视，对自然灾害的恐惧，对幸福生活的渴望。

传闻和余论

岁时节庆主要来源于社会生产与生活，但与神话、传说、宗教信仰也不无关系，由此又产生出种种禁忌之俗。在现代，我们当弘扬传统文化中的优秀内容，摒弃其糟粕，传播社会主义核心价值观，让我们的明天更美好。

神话传说与岁时节庆

神话是什么？神话就是关于神仙或神化的古代英雄的故事。在古人的想象中，天地万物与人一样，都是有生命、有意志的，它们的形貌与人大不一样，它们的本领与威力却比人要大得多，它们既可以造福于人，又可以祸害于人。因此，人们想出种种办法，如献祭、祈祷来与神套近乎、拉关系，向神讨好、献媚，以祈得到神的特别照顾。古人受这种心理驱使，便有了“万物崇拜”的思想。古人编造出来的种种有关神灵的故事，叫做“神话”。

英国哲学家斯宾塞曾把神话分为 21 类：创造神话、人祖神话、洪水神话、褒赏神话、刑罚神话、太阳神话、太阴神话、英雄神话、动物神话、习俗或祭祀神话、冥府神话、神圣降生神话、火的神话、星辰神话、死亡神话、死者食物神话、禁忌神话、解体神话、战神神话、生活起源神活、灵魂神话。从分类神话名称看，大多数神话都与后世的节日相关联。

传说是指民间长期流传下来的对过去事迹的记述和评价，有的以特定历史事件为基础，有的纯属幻想的产物，都在一定程度上表现了人民群众的要求和愿望。窃以为，神话与传说区别点在于，神话中都离不开神，以神为主体；而传说是有神亦有人，或有人而无神，以人为主体，但都是变形的。不管是神话也好，传说也罢，二者都对节庆的产生和形成有重大的影响。

对我国岁时节庆的形成情况进行分析可知，当神话、传说与某种岁时祭祀、娱乐活动或饮食习俗形成有机的联系时，出现新节日的可能性就存在了。最典型的莫过于“七夕节”了，七夕节就是因牛郎、织女的神话传说而来的，其故事为：

相传，很早的时候，南阳城西有一个桑林，桑林里有一个村庄，村中

「牛郎与老黄牛」

有一个叫如意的孩子，聪明、勤劳、忠厚，人们都很爱他。他常望着西北的大山出神。老人们传说山中卧着一头老黄牛，那座山因而叫伏牛山。如意家里没有牛，他要进山把那头牛拉回来耕田。他翻了九十九道山，过了九十九道涧，找到了那头牛，在一块大平石上卧着，瘦骨伶仃的。

他跪下磕了个头，喊声“牛大伯”。请老黄牛跟着他走。老黄牛睁了睁眼，没说话，又合上了。他看着老黄牛那没精打采的样子，想着它可能是饿了，就去给老黄牛薅草。他薅着，牛吃着，薅了一捆又一捆，总是供不上吃。就这样，他喂了三天，老黄牛吃饱了，抬起头对他说：“小孩子，我原在天上住。盘古开天辟地的时候，地上没有五谷，我偷了天仓的五谷种撒了下来，触怒了玉帝，把我踢下天庭，摔坏了腿，不能动弹。我的伤，用百花露水涂洗一百天就会好的。”小如意听了，也不急着下山了，饿了吃野果，渴了喝些泉水，夜里依偎着老黄牛睡，每天清晨去采百花，用花朵上的露水给老黄牛洗伤。整整一百天，老黄牛的伤好了，站了起来，跟着他回家了。

小如意待老黄牛很亲，白天去放牧，夜里睡在它身边，人们都叫他牛郎。老黄牛待牛郎也很亲，每回牛郎的嫂子在家做饭的时候，老黄牛总是叫牛郎回去吃。一来二去，牛郎的嫂子气了，要和牛郎分家。牛郎不要房子，不要地，只要老黄牛，要辆破车，要只烂皮箱。老黄牛拉着破车，牛郎坐在皮箱上，离了村，出了桑林，搭了个草棚，住下了。老黄牛从嘴里吐出粒茶豆，向牛郎点点头。牛郎把茶豆种在门前，第二天出土了，第三天拖秧了，牛郎搭了个架子，没几天茶豆就把架子爬满了。老黄牛说：“意儿啦，夜里藏在茶豆架下，能看到天上的姑娘们，天上的姑娘们也能看见你，谁要是偷看你七个夜晚，她就想做你的妻子。我拉着车儿带上你，把她接下凡来，与你婚配。”

夜里，牛郎站在院里茶豆架下向天上望，只见一群仙女在玉池里洗澡，临走时，一个仙女向下偷偷地看他一眼。第二天夜里，只见那个仙女独自

「七仙女」

来到玉池边，大着胆子看牛郎。第三天夜里，望着牛郎微微笑。第四天夜里，向牛郎点点头。第五天夜里，端一篮蚕。第六天夜里，偷出一架织布机。第七天夜里，拿着织布梭向牛郎招手。牛郎织女，一个在地上，一个在天上，眉来眼去七个夜晚。牛郎盼着织女下凡来，织女盼着牛郎快去娶。七月七那天，从天上飞下来只喜鹊，落在了老黄牛的头上，叽叽喳喳地叫着："织女差我来，叫您快去娶。快去娶，快去娶。"老黄牛向牛郎点点头，牛郎套上车，坐上去。老黄牛四蹄腾空，一会儿来到玉池，牛郎下车，和织女双双抬起织布机放在车上，织女挎着蚕篮上了车，牛郎也跳上车。老黄牛腾云驾雾，四蹄翻飞，不一会到了家。

乡亲们知道牛郎成了家，都来贺喜。织女把她带来的天蚕分给姐妹们，教大家养蚕、抽丝、织绸缎。

一传十，十传百，乡亲们都知道牛郎娶了贤惠妻，能养蚕，会抽丝，织出的绸缎又光又明，好像鳞波闪闪的白河水，都说织女的织布机是从天上带来的，织出的绸缎做成衣，冬暖夏凉。这消息传了出去，引来山南海北的丝绸商人，都来争购南阳绸。这一下轰动了白河两岸，伏牛山区的千家万户，都送自家的姑娘来学织绸缎。织女心地善良，乐心教大家。于是，人们来的来，去的去，川流不息。没两年，养蚕抽丝织绸缎的手艺，家家户户都会了。

第三年的七月七，织女一胎生了一男一女，男孩起名叫金哥，女孩起名叫玉妹。牛郎耕田，织女织布，小日子过得康乐和睦，姑娘小伙都很羡慕，问是怎样到一起的。牛郎指着茶豆架，说出了根根底底。茶豆熟了的时候，姑娘、小伙们争着采摘，种到自家的院里，或偷偷地钻到茶豆架下，向天上仰望。小伙们盼着能见到一个偷看他的仙女；姑娘们盼望能瞅见一个偷看她的仙童。年轻人一钻到茶豆架下，心里都是甜蜜蜜的。

又过了几年，那天，牛郎正在犁地，晴空响了一阵雷，老黄牛站住了，望着牛郎流着泪说："意儿啦，我把织女拉下来，犯了天律。天鼓在响，我难活。我死后，王母娘娘准会来折散你夫妻。你记着，把我剥皮，吃了牛肉能脱凡成仙，用牛皮做靴子穿上能腾云登天。”老黄牛说罢，倒下死了。牛郎哭了一阵，就照着老黄牛的话做了。

七月七那天，牛郎正在锄地，金哥、玉妹哭着跑来了，对他说，来了个老婆子，把妈妈从织布机边拉跑了。牛郎忙扔下锄头，一手拉金哥，一手拉玉妹，腾空就追。眼看就要追上，王母娘娘拔下头上的金簪往脚下一划，滚滚滔滔的一条大河出现了。牛郎拉着金哥、玉妹站在河边哭。金哥、玉妹的号叫声惊动了玉帝，玉帝看一双孩子怪可怜的，就叫他们一家人每年七月七相会一次。

牛郎一家人不见了，人们觉着蹊跷，晚上就钻到茶豆架下向天上望，看见一条大河，波涛汹涌，织女站在河那边哭；牛郎拉着金哥、玉妹在这边哭。人们明白了，擦着泪走出茶豆架，向天空望去，发现繁星闪烁的天空多了一条又宽又长的银带，就叫它天河。天河的一边多了一颗星，一边多了三颗星，就叫牛郎织女星、金哥玉妹星。人们想念牛郎织女，每天晚上总要钻到茶豆架下望一望，七月七那夜，突然看到满天喜鹊向天河扑去，互相咬着尾巴搭起一座鹊桥。牛郎拉着一双儿女上桥了，织女也上桥了，在鹊桥的中间，一家人相会了。人们也随之欢喜，互相谈论着七夕会的事。

「鹊桥会」

牛郎织女虽然登天了，可给人们留下了难忘的天蚕、织布机，以及世世代代养蚕、抽丝、织绸缎的习俗。用织女的织布机织出的南阳绸细密闪光，畅销九州。随着南阳绸的远销，也把这牛郎织女的故事传到各地。每到夏历七月七的晚上，人们就会想起牛郎织女，传说着他们的故事……

在长江流域少数民族地区，也有因神话传说而出现的节日，云南白族的祭鸟节即是如此。

远古时候，云南省鹤庆县大干山中的歌泉边上，有个长满野枇杷和杜鹃花的小村，名叫黄郁坪，这里住着一个名叫林音的白族姑娘。

林音家原先住在大干山脚的蜜腊村。三年前的一天，她去大干山上砍柴，半路上拣到一个雀蛋吃了，回家后便怀了孕。从此，父母和亲朋就不再相认她，还把她赶出了家门。林音受尽冷落，几次想自寻短见。但转念一想，自己是个清白人，没做过什么见不得人的事，糊里糊涂死掉也冤枉，便又铁下心活下来。她向家里要了一点苦荞和几件生活用具，跑到大干山深处的黄郁坪来，在这里搭了一间茅棚，住了下来。她在山林中开垦了很多地，撒上荞子，种上燕麦，点了苎麻，过着自耕自食的日子。

白天，百鸟给林音做伴，雀鸟唱着动听的歌，为她解愁消乏；夜晚，月亮与她做伴，照着她绩麻纺线。直到林音来到黄郁坪居住整十年的一天，她生下了孩子，一胎就生了12个姑娘，24个儿子。娃娃们生下后，马鹿来给他们喂奶，雀鸟来为他们唱歌，蜜蜂送来蜜糖，萤火虫飞来照明，白兔来帮忙照料……

野枇杷花开了十次，杜鹃花谢了十回，36个娃娃长大了，都能帮助阿妈干活了。春天，林音带着孩子们翻地、撒种；夏天，林音领着孩子到林中采摘果子；秋天，娘儿们一齐收割成熟的荞子、燕麦；到了大雪降时，林音又领着孩子们设下陷阱捕捉野兽。娘儿们相亲相爱，勤勤恳恳地过日子。

娃娃们到成婚的年龄了，西山住有12个山神，都来林音家求婚——他们要娶林音的12个姑娘做媳妇。这12个山神平时帮助林音母子做过许多好事，因此，林音便把12个姑娘分别嫁给了12个山神。

山神之间相隔很远，去来一次要半个月。他们不开山种地，吃的东西全是各种野兽肉。12个姑娘初到山神家，生活很不习惯。她们常请雀鸟捎信来，向林音母亲讨要苦荞、燕麦等食品。林音是个有远见的人，心想：女儿们结了婚，就要生儿育女，今后人口多了吃什么？她便决定到各个山神家去，教他们开垦山地、种庄稼。

山神住在深山里，四季不分，没法分辨种庄稼的时间，林音便派她的24个儿子，轮流跑到女儿家去教他们按节庆的日子播种、收割。路远山高，跑遍12家要很长时间。林音怕误了女儿们种庄稼的节庆，便叫儿子们飞速快跑，边跑边喊：“播种了！”“收割了！”……姐姐们听到弟弟的叫唤，赶忙撒荞子、种燕麦、点苧麻，得到了好收成。

「候鸟」

24个儿子，一年四季不停地在山区飞跑，呼唤播种收割，一个个累得口吐鲜血。这事感动了天神，便给每人赐一对翅膀。从此，一天之内，他们便可飞遍12个姐姐家。后来，他们变成24只鸣叫的雀鸟。这些雀鸟按照母亲的吩咐，一年四季不停地呼喊播种收割，后人便将他们称为候鸟。

这些候鸟，始终没有忘掉自己的职责，每隔15天，便有一种候鸟飞来，呼唤人们做农事。人们便根据候鸟的呼唤翻地、播种、追肥、灌水、除草、收割……年年都得到了好收成。人们又根据候鸟啼唤和出现的时间，总结出一套做农事的节气规律，这就成了今天二十四节气的来历。

候鸟不停地飞，不停地叫人们播种收割，叫得鲜血染红了嘴壳、羽毛，变得越来越漂亮。渴了，喝一口山泉水，饿了，啄几颗黄泡果，从不吃人们种的庄稼。人们为了感谢候鸟，从不伤害它，还用粮食喂它。冬至节和清明节，所有的候鸟，都要到黄郁坪来给林音祝寿。这时，山区的人炒一些荞粒花、燕麦粒花，到黄郁坪撒给候鸟吃。后人便把这个节日称为祭鸟节。

关于神化传说与岁时节庆的关系，亦有这样一种情况：有些节日和节庆活动形成后，人们为了丰富节日的内容而附会出种种的神话传说，最典型的例子要数关于屈原的神话传说了。在屈原之前，长江中下游一带已有了龙舟竞渡的习俗，也有关于五月五的禁忌思想和禳灾活动。屈原的生平与精神感动了百姓，大家就将端午节归到屈原名下，说是为了纪念屈原而过端午节的，并且编出许多关于屈原与端午节的离奇神话传说。

在屈原的故乡，有一则《神鱼的传说》：

屈大夫被楚顷襄王熊横放逐以后，过着颠沛流离的生活。他眼见楚国兵败城破，含悲饮恨，怀石投身于汨罗江。消息传来，他的妹妹屈幺姑哭得昏昏沉沉，枕着捣衣石进入了梦乡。睡梦中，屈幺姑见衣衫褴褛、形容憔悴的屈原站在她面前，望着她流泪。屈幺姑扑上前去，屈原不见了。霎时天昏地暗，走石飞沙，江面忽然出现了一抹阳光，一条神鱼游到屈幺姑身边。屈幺姑问："神鱼啊，你有什么话就对我说吧，我是屈原的妹妹屈幺姑。"屈幺姑迅速回家把情况告诉了从郢都逃回来的姐姐女婆。姐妹分头唤来乡亲，把神鱼抬上岸来，只见神鱼气喘吁吁，腹部一鼓一瘪地蠕动，张张口，眼里流着泪。女婆和屈幺姑请乡亲们把鱼腹剖开，见屈大夫平静地躺在鱼腹里，面容如屈幺姑梦中见到的一样。女婆和屈幺姑心如刀绞，哭得死去活来，乡亲们缝好鱼腹，把神鱼送回江里，只见它摇头摆尾地游走了。屈大夫的尸体便葬在屈原沱畔的一座山丘上。

这则神话就显然诞生于端午节和屈原之后。

还有一种情况，关于祭祀神灵的一类神话，我们难以准确地知道究竟神话是产生于节日之前，还是节日之后。因为神话与节日都诞生于无文字的时代，后人自然是难以判断了。据《史记·周本纪》载，周的始祖为后稷，发明了农业，任帝尧的农师。后世将稷作为五谷之神而祭拜之，《白虎通·社稷》载："王者所以有社稷何？为天下求福报功。人非土不立，非谷不食。土地广博，不可遍敬也；五谷众多，不可一一祭也。故封土立社，示有土尊；稷，五谷之长，故立稷而祭之也。"

关于稷的神话传说，史籍记载较多且不太相同，大抵是：

从前有个妇女叫姜原，在野外见一巨人足迹，觉得好玩，就用自己的脚去踩这个足迹。谁知一踩上去，顿时就感到身体一动，犹如受孕般。回家后果然怀孕，足月产下一个连着衣胞的怪胎，像个肉球似的。姜原想到受孕的经历，认为怪胎是个不祥之物，准备把胎儿丢弃，先丢弃在一条窄巷中，谁知过往的牛马皆小心地避开肉球而不践踏。姜原又捡起肉球，准备丢到山林里让野兽吃掉，谁知山上正巧有许多人而不便下手。姜原转头又把肉球丢弃在沟渠的冰上，但立即飞来了许多鸟，用它们的翅膀覆盖着肉球，为它保暖。姜原正感到不可理解时，在鸟儿的翅膀下传来了婴儿的哭声。姜原赶忙跑过去一看，原来一个男婴已从衣胞中挣脱了出来。

姜原觉得这孩子颇有些神异，就把他抱了回去。由于这孩子被丢弃过几次，就给他取名为“弃”。弃果然不同于一般的小孩，他从小就非常聪明，喜欢玩种地的游戏，把树、麻、谷种到地里，观察其生长情况，还比较各种土壤的特性，他种出来的庄稼都长势喜人。长大后，弃发明了农业生产的方法，根据土壤条件从事稼穑，还教其他人从事农业。帝尧知其大名后，让他担任农师一职，天下人都得其利。由于他有如此伟大的功劳，因而被人民尊为“后稷”，四时享祭。

我国的原始农业开始于一万多年前，是一个漫长的探索过程。农业的发明绝非一时之事、一人之功，后人之所以将发明之功归于一人，因为这个人本身就是初民集体力量的标志或化身。对后稷的祭祀开始于何时，我们不得而知，关于后稷的神话诞生于何时，我们也不得而知。姑且称之为“混合型”吧。总之，神话传说与节庆习俗有着十分密切的关系。一些节庆习俗，若无神话传说来衬托，那该是多么乏味！

节庆禁忌与移风易俗

禁忌，或者说忌讳，是人类普遍具有的文化现象，指禁止同“神圣”的东西或“不洁”的人、事物等接近，否则即会招致超自然力量的惩罚。禁忌的内容往往是约定俗成的，可以因民族、地域、社会分工的不同而有差异，但禁忌的内容却是涉及各个方面、各色人等。

关于禁忌的由来，大体有四个方面：一是对灵力的崇拜和畏惧，二是对欲望的克制与限定，三是对仪式的恪守和服从，四是对教训的总结和汲取。

我国是世界上四大文明古国之一，历史悠久，作为文化现象之一的禁忌内容也就千奇百怪、无处不在了。从禁忌的内容来看，大概可以分为人体禁忌、性格禁忌、婚姻禁忌、房事禁忌、生养禁忌、服饰禁忌、饮食禁忌、居住禁忌、行旅禁忌、便溺禁忌、语言禁忌、社交禁忌、行业禁忌、丧葬禁忌、祭祀禁忌、宗教禁忌、动物禁忌、植物禁忌、物品禁忌、自然禁忌等。凡此种种，难以尽说，仅就与节庆相关的禁忌，大概说之。

在长江流域，在岁时节庆方面的禁忌是相当多的。在旧时的皇历上，举凡婚丧嫁娶、渔猎耕种、造屋动土、出行游乐、乃至剃头洗澡等，都有“宜”、“忌”之说，要择吉日才行，否则就认为有遭厄运的可能。这说明在岁时节庆中，禁忌是个很重要的内容。

每月初六、初九，青海省藏民禁忌抓羊；湖北凡是七、八日禁忌给小孩剃头；凡是逢七、逢八不出行，曰：“七不出门，八不回家”；初五、十四、二十三日禁忌动土、盖房、婚嫁、安葬、亲戚往来；土家族逢犬日禁忌下种，俗以为是日下种庄稼会遭虫害；傣族每月属牛日禁忌役牛，属马日禁忌役马。

闰年月禁忌：汉族和许多民族认为，闰年、月均有禁忌。认为闰四月兆年荒；闰六月不宜婚娶，该年为“寡妇年”；闰八月兆兵荒马乱，俗称之为“杀年”。因为闰年、闰月为平常年份的异常情况，民间将其与社会生活中的一些异常现象相联系，从而得出一些惊人的俗见，并引以为禁忌。

立春禁忌：民间以立春日为一年农事之始，故有在这一天占卜丰歉的习俗。俗以为立春宜晴不宜阴，晴则兆丰，阴则兆灾。有民谚云：“立春清明又和暖，农人鼓腹皆翘天；倘若风阴与昏暗，五谷不登人不安。”

惊蛰禁忌：惊蛰日和惊蛰后打雷都是正常的，主年景好、风调雨顺、五谷丰登。农谚云：“雷打惊蛰谷米贱，惊蛰闻雷米如泥。”但忌讳惊蛰前听到雷声，江苏农谚云：“未蛰先蛰，人吃狗食。”即惊蛰前闻雷声兆凶年。

春分禁忌：畲族春分日禁忌挑粪，禁忌到河里洗衣服，禁忌晒衣服。

清明禁忌：清明忌讳天阴、下雨、刮风，农谚云：“麦子不怕四季水，只怕清明一夜雨。”清明还忌讳不戴柳、不插柳，俗谚云：“清明不戴柳，死了变成狗。”

「清明戴柳」

立夏禁忌：立夏日忌无雨，无雨主旱，农谚云："立夏无雨，碓头无米。"

夏至禁忌：夏至忌雷、雨，农谚云："夏至有雷六月旱，夏至逢雨三伏热。"夏至禁诅咒、戒剃头。

立秋禁忌：云南等地禁忌在立秋日于田间行走，否则会对秋收不利。湖北一带忌立秋日刮风、打雷、下雨，农谚云："秋打雷，晚禾折半收"，"秋前北风秋后雨，秋后北风干河底"。

处暑禁忌：江苏一带忌处暑日不雨，农谚云："处暑若还不下雨，纵然结实也无收。"

白露禁忌：白露忌风雨，江苏农谚云："白露日东北风，十个铃子(棉桃)九个脓；白露日西北风，十个铃子九个空。"

霜降禁忌：霜降无霜，主来岁饥荒。彝族忌霜降日用牛犁田，否则会导致草枯。

立冬禁忌：立冬意味着冬天的到来，因而民间忌讳立冬日吃生冷食物，否则会损伤身体。立冬忌无雨，农谚云："重阳无雨立冬晴，立冬无雨一冬晴。"

冬至禁忌：河南忌冬至不吃饺子，否则会冻掉耳朵，且对收获庄稼不利。冬至忌无雨，湖北农谚云："立冬无雨看冬至，冬至无雨一冬晴。"

正月禁忌：正月为一年之始，故民间尤为重视，禁忌也特别多。如：忌打碎器物；忌遇殡葬；忌丧家来拜年；忌吵架、骂人；忌请医生；忌宿娘家，即俗语"正月不空房"；忌迁居；忌穿破衣服；忌剃头，谚云："正月不剃头，剃头死己舅"；湖北阳新忌讳条凳歪倒；湖南忌过年无鱼；苗族、侗族过年吃鱼时，要把鱼尾、鳍切下来展平贴在墙壁上，意为"有余(鱼)之家"。

初一禁忌：忌洒水、扫地、倒垃圾，谓之"聚财"，因为水、土为"财气"，垃圾、粪便为"肥水"，故而不能把"财气"扫走倒掉，不能使"肥水”外流；初一忌动刀弄杖、动刀剪针线，忌汲井水，忌借火种，忌讨债，忌压岁钱为奇数，忌购物，忌杀生，忌死人，忌说不吉利话，忌吃稀饭，忌吃红薯，忌吃药，等等。

二月初二禁忌：这一天为“龙抬头”的日子，民间忌动刀、动剪、动针线，免得伤着“龙目”；有的地方忌是日媳妇回娘家，俗语云：“二月二踩了娘家的仓，不死公爹就死婆婆娘。”

三月初三禁忌：布依族、彝族在是日杀猪宰牛祭祀灶君、山神，并扫寨赶鬼，封路封寨，外人一律禁止进村。否则，被认为是对山寨的破坏，必令其出钱重新扫寨，还要向村人谢罪。有的地方忌新媳妇回娘家，说是“在娘家过了三月三，死了丈夫塌了天”。

「布依族“三月三”扫寨」

四月禁忌：四月八，禁屠杀。

五月禁忌：俗称五月为“恶月”、“毒月”、“凶月”，禁忌较多。湖南忌晒席，忌盖屋修灶，忌迁居；初一忌汲井水；二十为“分龙日”，江西忌挑粪、晒裤子。

六月禁忌：逢卯日忌吃鸡、食苦菜；六月六忌阴雨；二十四为“雷神诞”，忌荤食素。

七月禁忌：七月为“鬼月”，忌晚上出门；七日忌天阴；中元节忌乱走，更忌出远门。

八月禁忌：中秋节忌阴雨，农谚云：“八月十五云遮月，正月十五雪打灯”；二十七为孔子诞辰，民间禁屠宰。

九月禁忌：北方忌九月里套被子，俗语云：“九月不套被，套被没人睡。”重九忌无雨，农谚云：“重阳无雨看十三，十三无雨一冬干。”

十月禁忌：初一忌走亲串友。十月忌无霜。

十一月禁忌：十一月忌有霜，忌无雪。

十二月禁忌：二十四日忌宰杀，忌捣蒜；二十六日，江西忌荤吃素，忌外村人来走亲；除夕日，安徽忌打扫卫生，云南苗族忌倒掉洗脚水。汉族忌恶声骂语和哭闹，忌打破碗盏，忌动针线。土家族忌挑井水，忌宰杀

「祭拜天地」

畜禽。

除了以上的节庆禁忌外，关于祭祀方面的禁忌也很多。因为我国民间的祭祀对象是非常广泛的，从天地日月星辰到风雨雷电水火，从山石土地到家门灶厕，从动植物图腾到宗族祖先以及大大小小的神怪鬼灵等，几乎是无所不包。需要祭祀的对象多，祭祀的节日自然就非常多。而且祭祀是带有宗教性的，与欢度“跳月节”、“走坡节”的性质完全不同，因而关于祭祀性节日的禁忌就格外值得注意了。

神灵是有特性、有等级、有司职的，因而祭祀者也应该与之相对应、对等，而不能乱来。如社稷之神司掌全国的土地与农作，祭祀时就必须由天子或皇帝亲自主持，若由普通人主祭，就是违规、僭越，不仅天地之神会发怒，人间之神——最高统治者也不会轻饶。所以，祭祀时视规模而由皇帝、地方首长、部落酋长、头人、族长、家长等主祭，禁忌由身份不相符的人主祭。如许多地方祭祖先时，必须由族长或宗子主祭，其他人再显贵也不得主祭，否则必会惹祖先神灵不高兴。

习俗对参与祭拜的普通人也有许多禁忌。汉族祭祀时，禁忌不洁净的人参与，如月经期女人、孕妇、产妇、婴儿、穿丧服、受刑罚者。祭祀期间还禁忌荤腥、房事等。怒族、彝族、哈尼族祭祀时，禁忌女人参加祭祀，禁忌外人闯入祭祀场所。因为不知外人是什么来头，洁与不洁。为了杜绝外人闯入，彝族在祭祀期间干脆来个“此路不通”，将入寨的路口封住。傈傈族祭天神时，忌讳孕妇、家里死了人不满月、家里有猫狗下崽不满七天的人参加。另外还有“男不拜月，女不祭灶”的禁忌。俗以为违反了这些规定，不遵守这些禁忌，就会亵渎神明祖灵，不仅失去了祭祀的诚意，反而可能会引起神灵震怒，降下灾厄。

祭祀各路神灵时，祭地、祭品、祭器、祭仪等都有禁忌。如汉族自古就有“六畜不相为用”的祭品禁忌，即祭拜某种畜神时绝对不能用该畜类

「祭品」

作牺牲，如祭牛王就不能用牛作牺牲，以免自食其类。同样的道理，祭稷神也禁忌用稷谷为供品。

以上这些节日禁忌，基本上都是先人遗留给我们的。先人对万事万物的认识能力有限，因而奉行万物崇拜，百般禁忌。但人毕竟不是神，总有犯错误之时，总会做些破禁违忌的事。人若不小心违反了禁忌怎么办呢?人们便想出了种种禳解的自救之法。如祭祀神灵祖先时犯了禁忌，谁犯的自然是由谁来承担厄运，《中华全国风俗志·湖南》载：苗族人“做鬼”时，“祭后插标于门，不许人入其家。若不知而入，谓惊其鬼，必勒入者偿所费之数，复祭如前而后已。”如此则神鬼得到了补偿，也就不会降灾了。假如正月初一打碎了碗盏，这是犯忌的，人们就用语言来禳解，马上说“碎碎（岁岁）平安”、“越打越发”，用吉利话冲抵了不祥之兆。若有不听话的小孩在不合适的时间、场合说了不吉利的话，人们也用“小孩百无禁忌”、“童言无忌”的语言来禳解。从习俗来讲，基本上是有多少禁忌就有多少种禳解方法，这也符合常理。否则，举手投足，百般禁忌，人就难以活命了。

如何对待禁忌？先人还有一种说法，即“信则有，不信则无”。这实际上包含有辩证的思想。

在湖北流传这样的一个笑话：有个老爷子特别讲究禁忌，但他从不喝酒。有一回，两个女婿谈起岳父不喝酒的问题。小女婿说：“我可以让岳父大人开戒喝酒。”大女婿不相信，两人就击掌打赌。除夕吃团圆饭时，小女婿斟酒敬泰山大人，岳父也不开口，只是笑了笑、摆摆手。小女婿见岳父不端杯，就问道：“您到底喝不喝?”因为湖北话的“喝”与“活”发同一个音，特别讲忌讳的老爷子不敢说“不喝（活)”，只有说“喝”。小女婿马上说：“要喝就把酒喝下去，要不喝就莫怪我。”活不过大年三十，这是人生的大忌，老爷子只有硬着头皮“喝”下去。小女婿又跟着问一句：

“您还喝不喝?”岳父又不敢犯忌讳地说“不喝了”、“喝不下去了”、“我不能喝了”之类的话，只有无可奈何地说“喝”，于是一杯又一杯，直到喝醉。

其实，绝大多数禁忌都是人为障碍，属于封建迷信的内容。世界上根本就没有鬼神，没有的东西根本就不值得害怕，既不怕又何必“禁忌”。何况有些禁忌本身就是相互冲突的。如山东即墨忌讳新媳妇在三月三不回娘家，否则会死婆婆；同省临沂则忌讳新媳妇回娘家，否则会死公公。同省两地就有截然相反的禁忌，犯忌都有性命之忧。若是即墨人与临沂人开亲，过三月三时，新媳妇就得考虑是留公公好呢，还是留婆婆好？岂不愁煞人也。更有甚者，神汉巫婆、算命先生之类往往在节日禁忌方面做文章，传统禁忌加歪理邪说，一蒙二唬三骗钱。因此，属于封建迷信内容的所谓“禁忌”，应一概抛弃。

现在，我们的生活环境与先人相比，已有了天翻地覆的变化，时代的进步已在很大的程度上冲破了禁忌的樊篱。在思想上，唯物主义的无神论为绝大多数人所信仰，人们不信鬼神自然就不信什么“禁忌”了。在环境上，居家有电、有自来水，出门有车、有飞机，许多传统的禁忌都失去了存在的可能。如城市中人若想在除夕埋几块“镇宅石”祛邪禳灾，光找锄头就得忙乎一阵，何况还无处下锄。在行为上，人们信赖的是国家，依靠的是个人奋斗，追求的是时尚生活，越是新潮的东西越感兴趣，谁都不愿禁自己、忌自己，因而落后于时代的旧的禁忌已逐渐失去了吸引力。加上现在使用的是公历，年轻人对农历已不太熟悉，除了个别传统节日的时间稍留心外，对其他的农历日子漠不关心，这使得许多禁忌也自然消亡。

但是，要想让不合时宜的传统禁忌完全退出历史舞台也不是件很容易的事，移风易俗的工作仍然十分艰巨。如闰八月时，有的地方流行用红伞、红衣、红绳子避邪。挑结婚的日子也有一些讲究，等等。这都是存在禁忌的表现。因此，我们要进一步地解放思想，弘扬传统文化中的优秀内容，抛弃“禁忌”之类的糟粕，用唯物主义的无神论武装头脑，不让各种歪理邪说占领思想阵地，移风易俗，过健康向上的时代生活。

主要参考文献

[1] 罗启荣,欧阳仁值编著.中国年节.北京:科学普及出版社,1983.
[2] 范玉梅编著.中国的民间节日.北京:人民出版社,1986.
[3] 殷登国著.岁时佳节记趣.桂林:广西人民出版社,1987.
[4] 高诚毅主编.中国节日风采大观.武汉:武汉测绘科技大学出版社,1992.
[5] 罗启荣,欧阳仁煌编著.中国传统节日.北京:科学普及出版社,1986.
[6] 杨琳著.中国传统节日文化.北京:宗教文化出版社,2000.
[7] 莫福山主编.中国民间节日文化辞典.北京:职工教育出版社,1990.
[8] 任聘著.中国民间禁忌.北京:作家出版社,1990.
[9] 谭智勇编著.中国的节日.北京:旅游教育出版社,1989.
[10] 丁世良,赵放主编.中国地方志民俗资料汇编.北京:书目文献出版社,1992.
[11] 方素梅主编.中国少数民族禁忌大观.桂林:广西民族出版社,1996.
[12] 朱洪斌著.中国节令趣闻大观.武汉:长江文艺出版社,1994.
[13] 吴贵芳主编.上海风物志.上海:上海文化出版社,1982.
[14] 张诗亚著.西南民族节日文化.昆明:云南教育出版社,1995.
[15] 雪犁主编.中华民族源流集成·节日岁时卷.兰州:甘肃人民出版社,1994.
[16] 林继富著.西藏节日文化.拉萨:西藏人民出版社,1993.
[17]《中国少数民族》编写组.中国少数民族.北京:人民出版社,1981.
[18] 向柏松著.中国水崇拜.上海:上海三联书店,1999.

图书在版编目（CIP）数据

岁时节庆／黄雷，雷学华著．—武汉：长江出版社，2019.6（2023.1 重印）
（长江文明之旅丛书．民俗风情篇）
ISBN 978-7-5492-6510-7

Ⅰ．①岁…　Ⅱ．①黄…②雷…　Ⅲ．①长江流域—岁时节令—风俗习惯　Ⅳ．① K892.18

中国版本图书馆 CIP 数据核字（2019）第 105269 号

项目统筹：张　树
责任编辑：胡紫妍　　苏密娅
封面设计：刘斯佳

岁时节庆
刘玉堂　王玉德　总主编　黄雷　雷学华　著
出版发行：上海科学技术文献出版社
地　　址：上海市长乐路 746 号　200040
出版发行：长江出版社
地　　址：武汉市解放大道 1863 号　430010
经　　销：各地新华书店
印　　刷：中印南方印刷有限公司
规　　格：710mm×1000mm　1/16
印　　张：9.5
字　　数：129 千字
版　　次：2019 年 6 月第 1 版　2023 年 1 月第 2 次印刷
书　　号：ISBN 978-7-5492-6510-7
定　　价：39.80 元